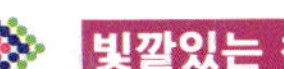 빛깔있는 책들 101-21 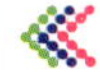

풀문화

글, 사진/인병선

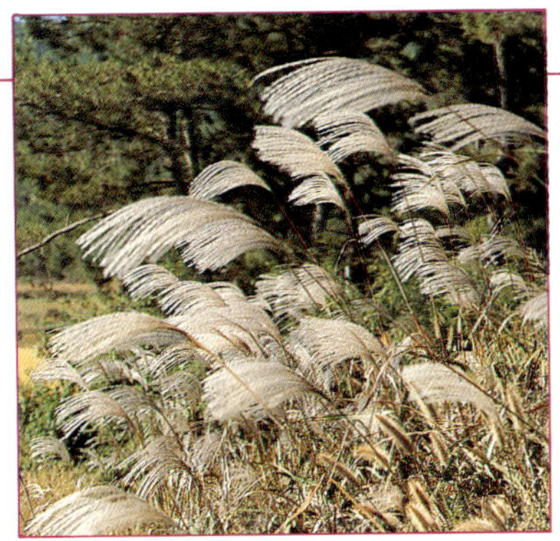

대원사

풀문화

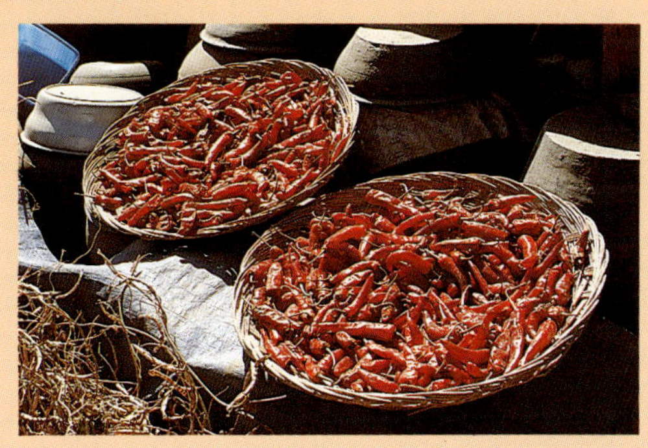

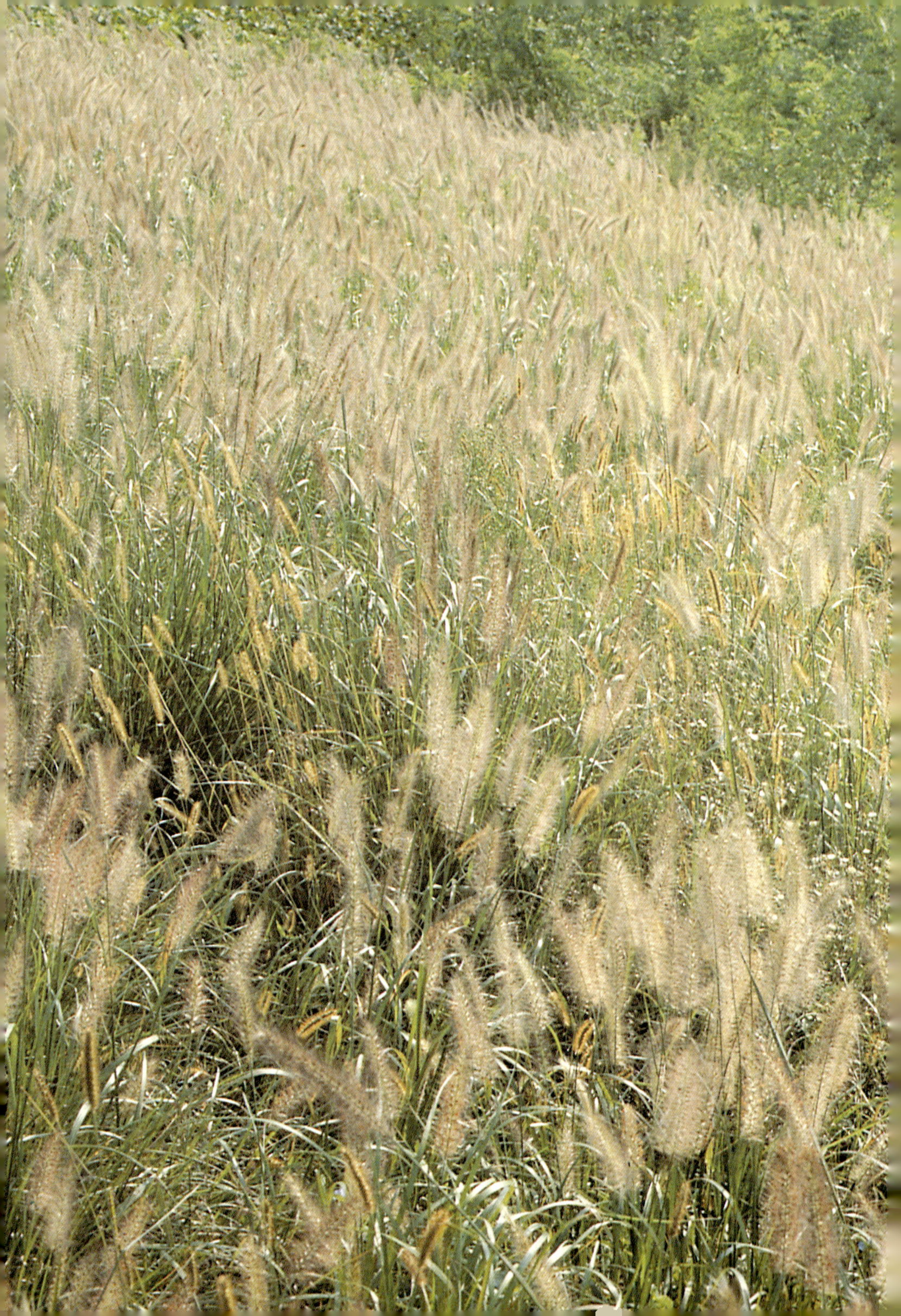

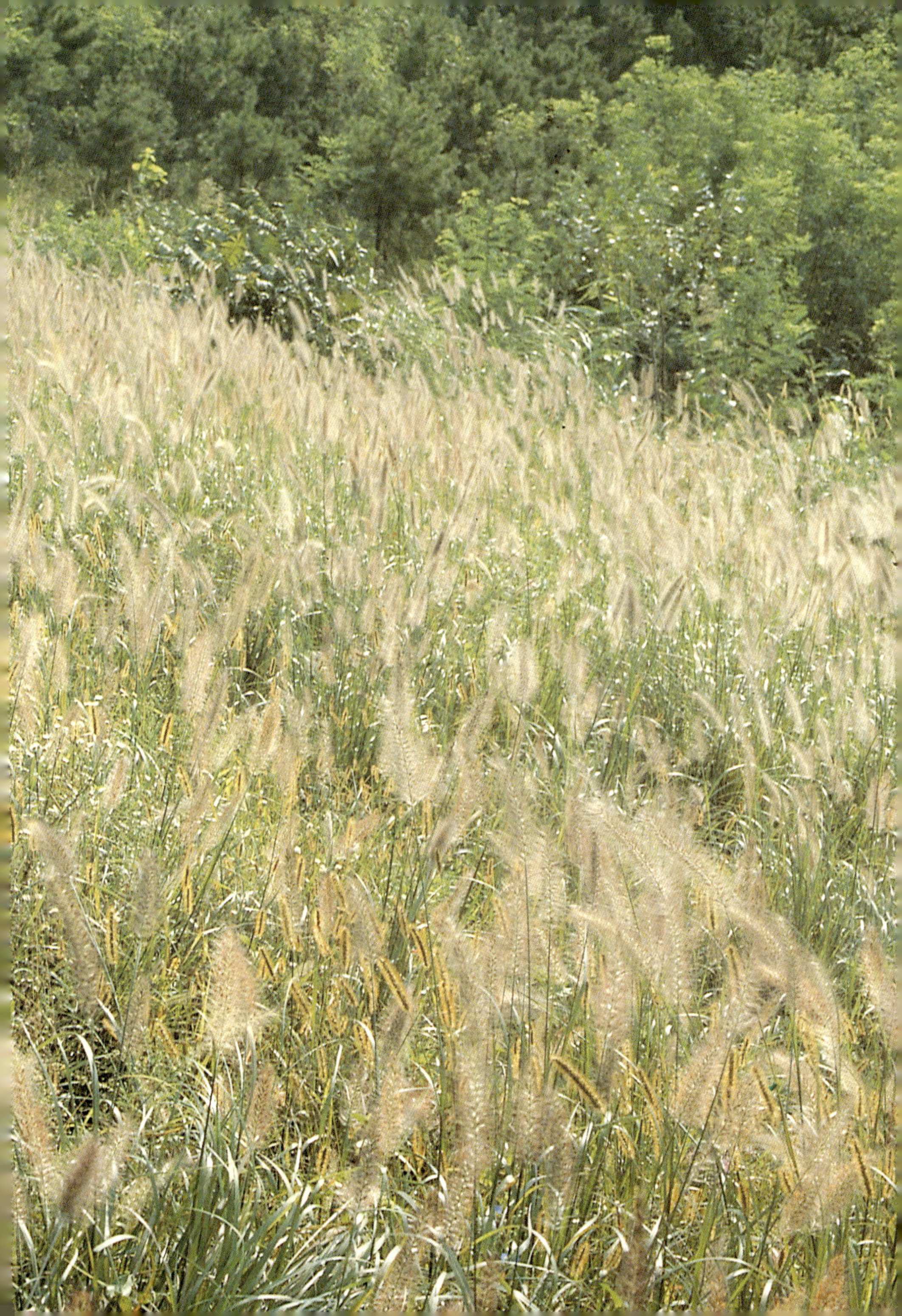

풀문화란 무엇인가

우리 민족은 예부터 풀과 밀접한 관계를 맺으며 살아왔다. 꽃을 즐긴다거나 하는 단순한 관상으로만이 아니라 갖가지 생활 자료로 광범위하게 활용하며 살았다. 이런 우리의 생활과 관련된 풀의 모든 문화적인 측면을 일단 풀문화라고 정의해 보았다. 풀문화라는 말은 물론 사전에는 없는 단어이다. 그만큼 풀문화 연구는 현재 전무한 상태이고, 어쩌면 이 새로운 단어는 이제부터 우리가 노력하고 연구함으로써 비로소 정착되고 정의되어질 그런 것이라 할 수 있다.

우리 민족이 생활 자료로 활용한 풀의 종류는 매우 다양하다. 약품이나 식품으로 사용한 것말고 주거나 의류, 민구(民具)에 쓴 종류만도 수백 종에 이를 것으로 추측된다. 산간에 사는 사람들은 산에 나는 모든 풀을 생활 자료로 활용하였다. 갯가에 사는 사람들, 들녘에 사는 사람들 역시 자기 환경에 자생하는 풀들을 채집하여 이용하며 살았다.

풀의 활용도는 매우 높고 또 광범위했다. 우선 주거 용품의 중요한 재료였고 의류의 불가결한 원료였으며 집에서 쓰는 온갖 민구는 물론 농사에 필요한 각종 그릇들의 재료가 되었다.

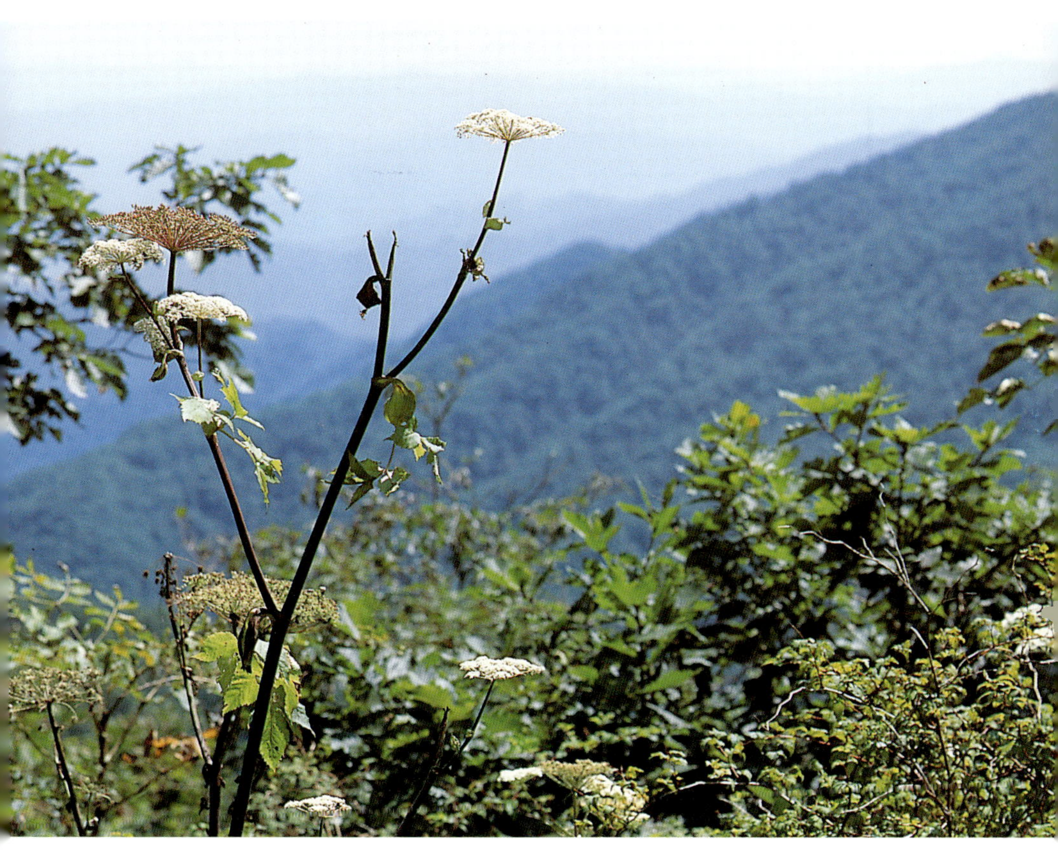

산이나 들에서 흔히 볼 수 있는 풀들은 관상으로서의 아름다움뿐만 아니라, 생활
자료로서도 널리 쓰여 왔다.

초가집의 지붕재는 논이 많은 평야에서는 볏짚이 주종을 이루었지만 산간에서는 갈대, 산죽, 삼대 따위를 썼고, 제주도에서는 띠가 태반을 이루었다. 뿐만 아니라 풀은 방안의 깔개를 만드는 데도 없어서는 안 되는 중요한 재료였다. 가난한 사람들은 볏짚을 깔고 살기도 했지만 대부분은 갈대로 엮은 삿자리, 띠로 엮은 띠자리, 왕골자리, 부들자리 등을 썼다.

의류의 원료는 목화와 삼, 모시, 칡 등이었다. 이것 역시 엄밀한 의미에서는 풀이라 할 수 있다. 특히 칡은 산에 가면 얼마든지 지천으로 뻗어 있는 식물이다. 이 칡을 이용해서도 갈포라고 하는 기막히게 아름다운 옷감을 짰던 것이다.

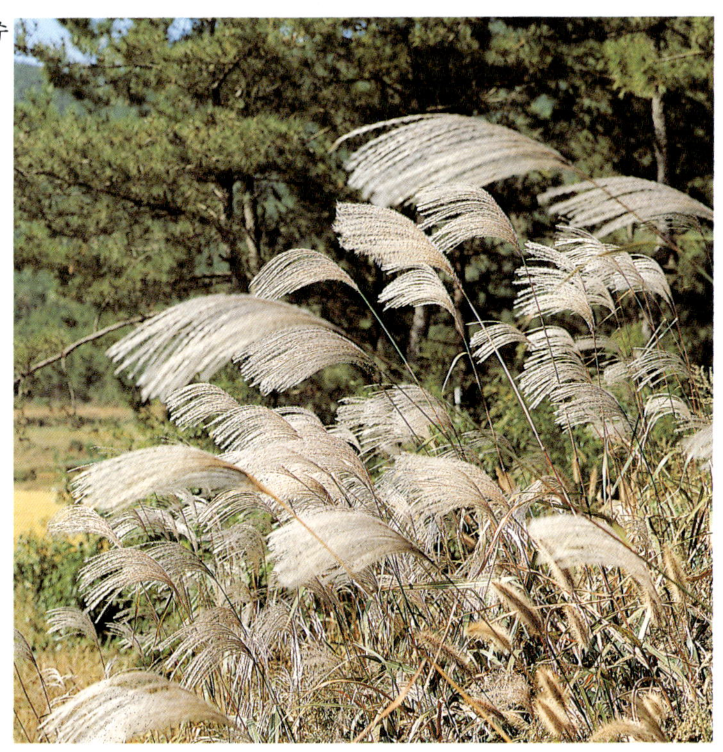

들에서 흔히 볼 수 있는 억새

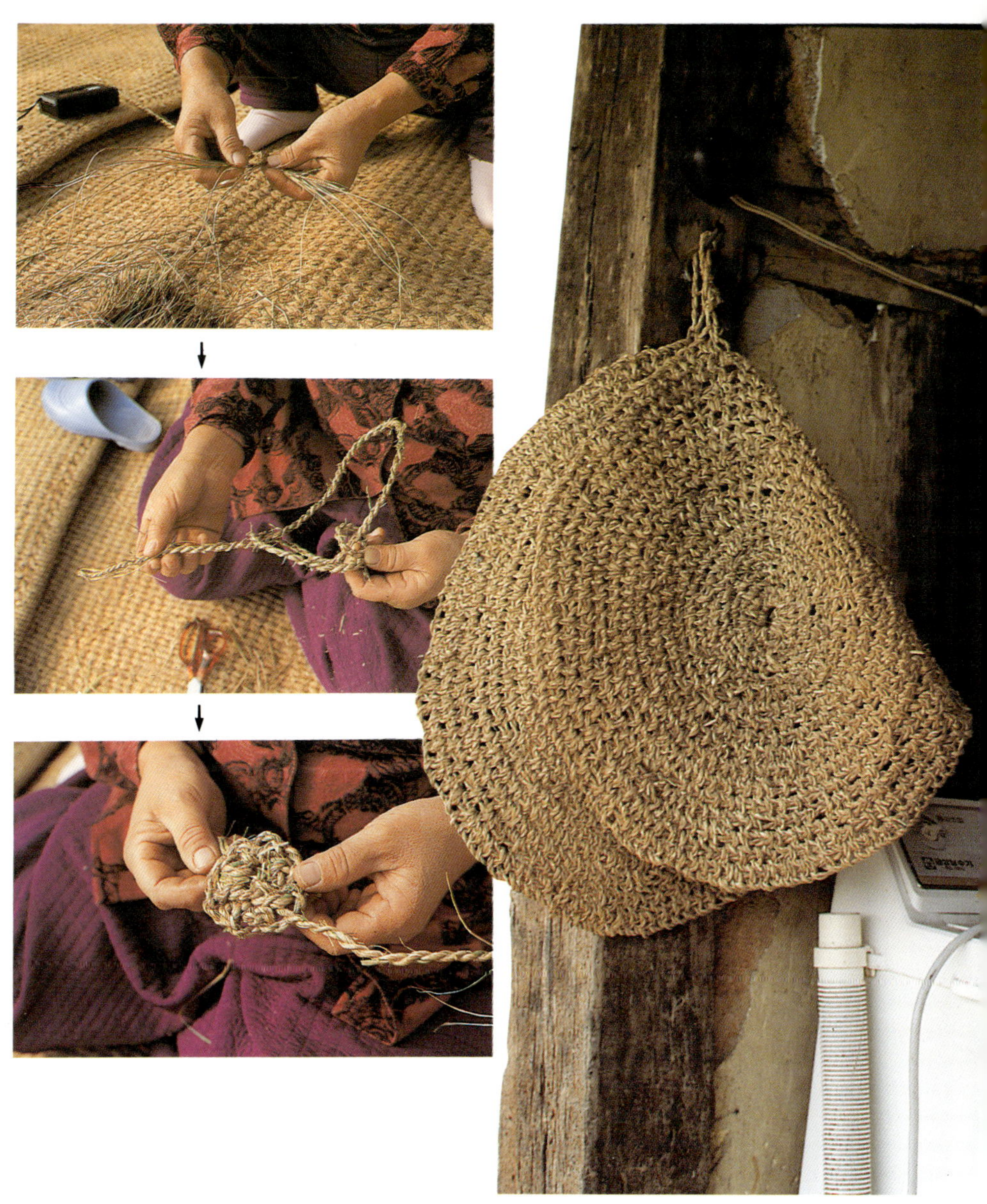

암크령 경기도 안성 지방에서도 논둑에 나는 암크령으로 시루밑을 엮어 쓰고 있다. 왼쪽은 시루밑을 엮는 과정이고 오른쪽은 다 엮은 시루밑이다.

농가에서 쓰는 그릇들은 대개 농기구를 겸하는 경우가 많았다. 이 그릇들 역시 대부분 풀로 엮었다. 논농사가 많은 고장에서는 흔히 볏짚으로 만들었지만 그렇지 않은 산간이나 갯가에서는 산에 나는 싸리, 칡, 갈대, 띠, 댕댕이 등이나 갯가에 나는 자오락, 부들, 순비기 등으로 삼태기, 맷방석, 바구니, 채독 따위를 걸었다.

풀을 재료로 한 것에는 정교하고 아름다운 것이 있는가 하면 투박하고 단순한 것이 있다. 앞의 것은 공장(工匠)이라고 하는 기능인들이 만든 것이고, 뒤의 것은 농민들이 스스로 별 재주 없이 만든 것이다. 물론 농민들이 스스로 만든 것 가운데에도 경우에 따라 뛰어난 재주를 발휘한 것이 더러 있을 수 있지만, 수공업 전체를 놓고 볼 때 대체로 위의 두 가지로 분류할 수 있다.

국어 사전을 보면 공장(工匠)은 "전문적인 수공업에 의하여 물품을 만드는 것으로 업을 삼는 사람"이라고 되어 있다. 그러나 역사를 조금만 눈여겨보면 옛날 공장들의 처지가 그렇게 단순하지만은 않았다는 것을 금방 알 수 있다. 삼국시대 이후 공장들의 사회적 위치는 대체로 노비 신분이었다. 더러 양인들도 섞여 있었지만 극히 일부에 불과했고 또 양인이라 하더라도 일단 전문적인 수공업자 곧 제조 기술자가 되면 사회에서 천한 사람으로 낙인이 찍혔다. 백정, 무당, 기생 등과 더불어 팔천(八賤)에 속했고 거의 일 년 열두 달 관청에 소속돼 무상으로 노역을 수탈당하지 않으면 안 되었다.

이들이 이런 고통스러운 처지에서 벗어난 것은 대략 조선 후기, 17세기경부터이다. 왕권의 강력한 중앙 집권 체제가 이 시기에 와서 서서히 무너지기 시작하면서 대동법(大同法)과 장인가포제라는 것이 실시되었다. 장인가포제란 공장이 노역 대신 쌀이나 무명으로 부역을 대신하게 한 것으로, 사실상 노예 상태에서의 해방과 같은 것이었다. 공장들은 물품을 만들어 자유롭게 시장에 내다 팔 수 있게 되었고, 이렇게 하여 축적된 자본은 근대 조선에 자본주의의

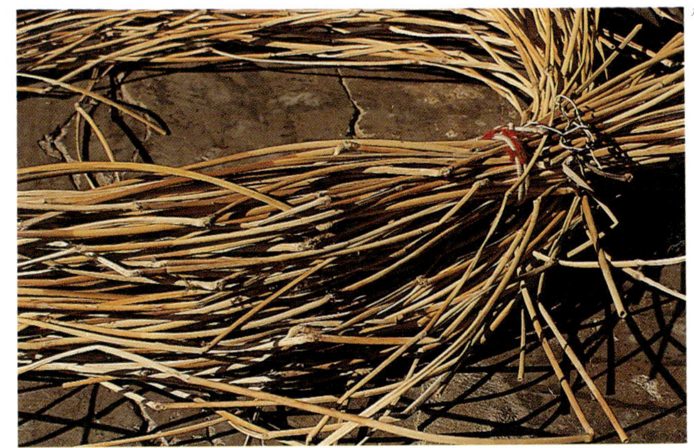

깔다리 논둑이나 갯가에 자라는 깔따리이다. 경기도 안성 율현 마을에서는 아낙들이 이 깔따리로 채반이며 바구니를 엮어 쓰고 있다. 왼쪽은 깔따리를 채집, 손질해 놓은 것이고 아래는 그 깔따리로 엮은 채반이다.

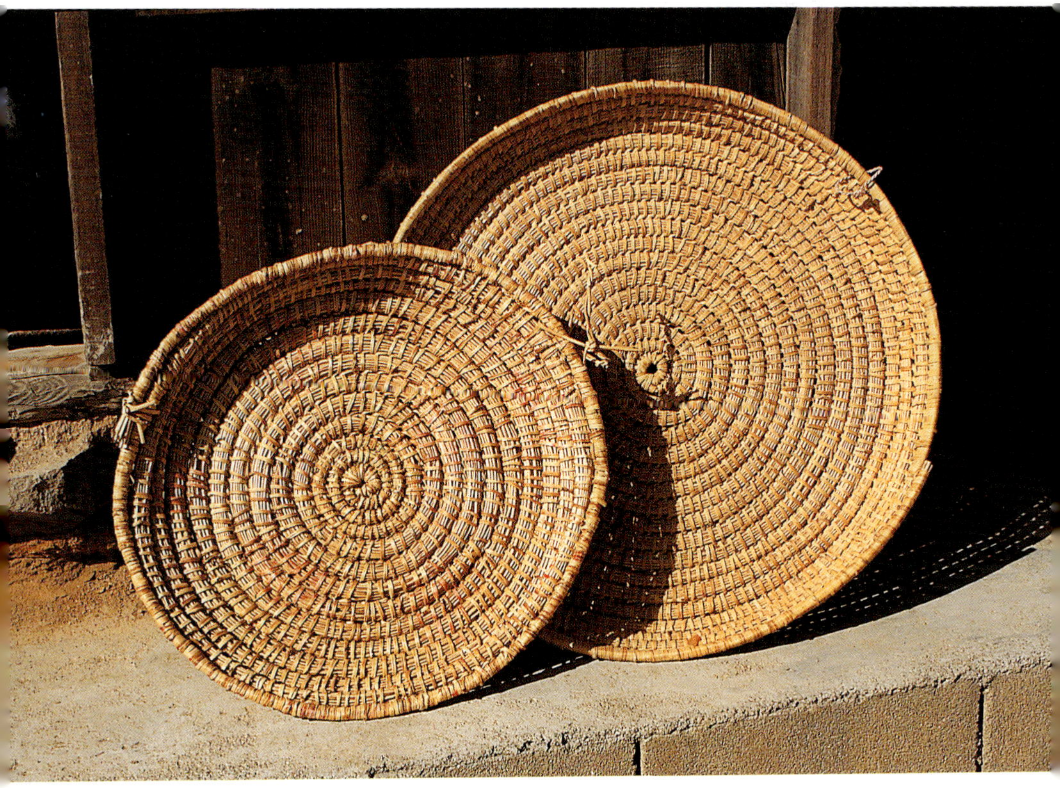

태동을 불러오는 중요한 요인이 되었다.

풀과 관련된 공장으로는 인석장(茵席匠), 초립장(草笠匠), 죽장(竹匠), 점장(簟匠) 등을 들 수 있다. 인석장은 왕골이나 부들로 돗자리를 엮는 사람이었고 초립장은 초립, 죽장은 대나무로 여러 가지 물건을 만들었으며 점장은 갈대로 삿자리를 엮는 사람이었다. 이들이 만든 물건들은 매우 정교하고 아름다웠다. 오랜 숙련을 거쳐 좋은 재료로 만들었기 때문에 공예성도 뛰어났고 예술성도 높았다. 그래서 지금까지의 연구자들은 대개 이런 물품들만을 대상으로 조사, 연구를 해왔다. 그러나 이 글에서는 이런 물품들은 일단 모두 제외하기로 했다. 그것들 역시 풀문화 범주에 속하는 것은 틀림없지만 엄밀한 의미에서 민중의 문화라고는 할 수 없기 때문이다. 그것들을 제작한 사람들은 물론 민중이었다. 그러나 그 제작은 특권 계급에 의해 강요된 것이었고, 특권 계급의 기호에 맞추어 만들었으며, 그들만이 향유한 특수한 문화였던 것이다.

민중의 삶은 고달프고 괴로웠다. 권력층은 민중을 보호하기는커녕 끊임없이 수탈하고 학대했다. 그러다 전쟁이라도 날 기미가 보이면 십승지(十勝地 ; 민간에서 말하는 피란하기 좋다는 열 군데의 땅) 어쩌고 하면서 자신과 일문이 도피할 피란처나 찾기에 급급했다. 그대로 방치되어 동댕이쳐지다시피한 민중은 자신들이 처한 환경 속에서 끊임없이 삶을 개척하고 창조하지 않으면 안 되었다. 이 엄청난 창조와 지혜의 역사가 바로 민중의 생활사이며, 그 가운데에 특히 풀과 관련된 부분을 가려 다루려 함이 이 글의 목적이다.

현대에 와서 자연물을 채취하여 직접 자급 자족하던 자연 경제는 일견 모두 허물어진 듯한 느낌마저 없지 않다. 산업 혁명과 더불어 부흥하기 시작한 화폐 경제는 농촌 구석구석에까지 공산품의 판로를 흡사 낙지발처럼 드리웠고, 지금까지 지탱해 온 자연 경제의 모든 지반을 남김없이 무너뜨리고 말았다. 민중은 더 이상 이 땅의 재료를 활용하지 않게 되었고, 외국 자원에 의해 자본가가 쏟아 놓는 공산품에 모든 생활 조건을 의존하게 되었다. 외국 자원에 의존해 제조되는 비닐이나 플라스틱 등 화학 제품은 외국에의 경제적 종속성과 자원의 한계라는 측면말고도 인류를 어쩌면 파멸로 몰고 갈지도 모르는 저 무서운 공해의 심각한 주범이 되고 있다.

이런 이유에서도 해마다 새로 자라는 이 땅의 자연 소재들은 우리의 더할 수 없이 귀중한 보고이며, 더구나 그 자원을 활용하며 살아온 우리 민중의 수천 년 삶의 역사는 비할 데 없이 소중한 자산이라 하지 않을 수 없다. 앞의 것이 우리를 죽음으로 몰고 가는 죽임의 문화라고 한다면 뒤의 것은 우리를 살리고 복되게 하는 살림의 문화라고 단정해도 좋을 것이다. 그러나 현재 우리의 상황은 살림의 길보다는 죽임의 방향으로 치닫는 경향마저 없지 않다. 우리의 삶은 날로 자연과 멀어지고 단절되고 있으며, 아울러 자연에서 얻어 내던 복된 삶의 역사도 나날이 소멸의 위기를 맞고 있다.

민중의 생활사는 하루 아침에 이루어진 것이 아니다. 오랜 세월 많은 시행 착오를 거쳐 비로소 얻어진 것이며, 그렇기 때문에 어느 날 갑자기 들어온 외래 문화와는 비교도 안 되는 가장 우리다운 것, 그래서 흡사 살과 피의 한쪽과도 같은 보배로움을 간직하고 있다.

지금과 같은 상황에 자급 자족의 자연 경제가 이 땅에 다시 부활할 것이라고 한다면 사람들은 모두 미친 소리라고 코웃음을 칠 것이다. 그러나 앞 시대와 똑같은 형태는 아니더라도 우리가 가장 인간다운 삶을 누리기 위하여 이 땅의 식물을 채취, 가공하여 살고자 원하는 시대가 언젠가는 반드시 올 것이고, 그러나 그때는 이미 모든 것이 너무 늦어져 새로 시행 착오를 거듭하며 역사를 창조해야 하는 무겁고 어려운 질곡이 우리 앞에 놓이게 될지도 모른다고 역설

한다면 그것 또한 시대 착오적인 어리석은 생각이라고 비웃음만 받을 것인가.

설사 자연 경제로의 복귀는 아니라고 하더라도 현대적 생산 방법에 우리 민중의 생활사를 최대한 활용할 수 있다면 그것 또한 한 민족으로서 더없이 복된 일이며 바람직한 일이라 아니할 수 없을 것이다. 그러나 불행하게도 오늘날 우리의 민중 생활사는 거의 방치된 상태에서 나날이 단절의 위기를 맞고 있다. 이대로 가다가 한 이십 년 뒤 노인들이 다 죽고 나면 수천 년 내려 온 우리의 생활사는 완전히 그 맥이 끊기고야 말 것이다.

캐나다 원주민들은 예부터 시다나무의 속껍질로 여러 가지 민구를 만들어 왔다. 시다나무 속껍질을 손질하여 엮은 바구니며 장식품들은 그 엮음새가 정교하고 형태가 독특하여 그 민족 문화의 특성을 잘 나타내고 있다. 캐나다 원주민들은 지금 백인들의 말살 정책으로 나날이 그 수가 줄어들어 그야말로 민족적 위기를 맞고 있다. 그 속에서 몇몇 뜻있는 사람들은 민족의 문화를 지키고 정신을 살리는 운동으로 시다나무를 사용해 민구 만드는 일을 계속해서 하고 있다. 그런가 하면 오스트레일리아 원주민 역시 백인들의 잠식으로 영토를 잃고 점차 민족적 쇠퇴의 길을 걷고 있다. 그 속에서 그들은 민족적 결집과 민족 의식을 높이는 운동의 일환으로 풀문화의 재현에 심혈을 기울이고 있다.

이 모든 사실들은 단적으로 무엇을 말하고 있는가. 풀문화가 한 민족에게 있어 어떤 것이며, 그 민족의 정신을 지키는 데 얼마나 중요한 것인가를 잘 나타내고 있다고 할 수 있을 것이다.

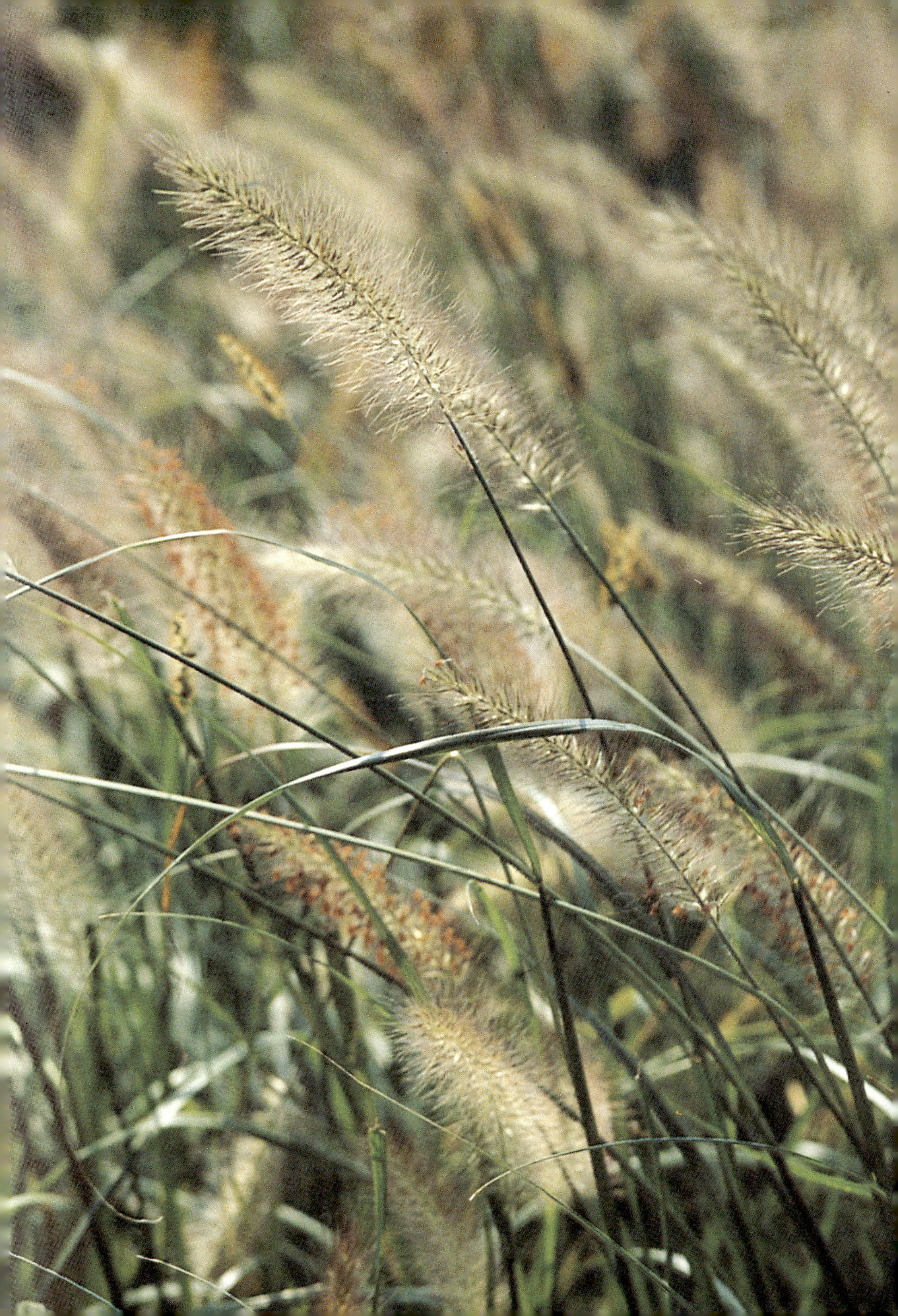

풀은 우리에게 어떤 것이었나

앞에서는 주로 풀을 가공한 공예적인 측면에 대해 언급하였다. 그러나 풀 자체가 갖는 의미, 가공하지 않은 풀의 의미도 우리에게는 대단히 컸다.

흔히, 우리 민족은 유난히 풀을 많이 먹으며 살아왔고 또 다른 민족에 비해 나물이며 먹는 식물의 가짓수가 월등히 많은데, 그 까닭은 너무 가난했기 때문이라고들 말한다. 애써 지은 농사는 세미(稅米)다 도지(賭地)다 해서 모조리 빼앗기고 봄이면 보릿고개, 가을이면 피고개를 넘는 사람들의 무리가 산이며 들에 하얗게 널렸었으니 당연한 말이다. 그러나 그것이 전부일까. 단지 그 이유 때문만일까. 초근목피(草根木皮)라는 말이 있다. 육식을 하지 못하고 초식만의 악식으로 사는 불행한 상황을 표현하는 말이다. 그러나 한편 이 말은 또 한약재가 되는 모든 식물을 통칭하는 말이기도 하다. 풀은 먹을 수 있는 식품이기도 했지만 목숨을 살리는 약재이기도 했던 것이다.

풀놀이라는 것이 있었다. 어린아이들이 모여서 정해진 시간에 누가 가장 많은 종류의 풀을 뜯어 왔나 시합하는 것이었는데, 이것은 아주 필요하면서도 자연스러운, 말하자면 자연 학습이었다. 이 놀이를 통해 아이들은 자연스럽게 식물과 친숙해질 수 있었고 식물의 이름을 욀 수도 있었으며 아울러 먹을 수 있는 것과 약이 되는 것을 배울 수도 있었다.

음력 5월 5일 단오절은 특히 풀과 밀접한 날이었다. 그날이 되면 궁중에서는 왕이 쑥으로 인형을 만들어 신하들에게 하사하는 풍습이 있었다. 쑥인형을 문 위에 걸어 두면 그해 액운이 모두 물러간다고 믿었던 것이다. 또 민간에서는 창포물로 머리를 감았고, 창포 뿌리로 제웅(짚으로 만든 사람의 형상) 모양을 깎아 붉은 칠을 해 머리에 꽂았다. 역시 이렇게 하면 그해 액운이 물러간다고 믿었다.

단오절을 일명 약일(藥日)이라고도 했는데, 그 까닭은 그날 약풀을 캐서 모으면 특히 효험이 있다고 믿었기 때문이었다. 그래서 그런지 고장에 따라서는 그날 엿을 고아 두고 먹기도 했다. 아침 일찍 해뜨기 전에 집 주변에 있는 풀이란 풀은 모조리 한 줌씩 뜯어 모았다. 각기 짚으로 묶어 큰 가마솥에 넣고 푹 끓여 풀물을 모두 우려 냈다. 다 되면 풀을 건져 내고 그 물에 좁쌀을 넣고 엿을 고았는데, 이 엿은 무슨 병이든 다 낫게 하는 만병 통치약이라고 믿었다. 이런 모든 사실들을 종합해 볼 때 우리 민족이 유난히 풀을 많이 먹고 친숙했던 것은 단순히 가난해서만이 아니라 보다 더 자연주의적 생활 철학에 그 원인이 있었다고 보아야 할 것이다.

풀은 가축의 사료가 되었고 퇴비의 단단한 몫을 했으니 땔나무로서도 톡톡한 구실을 했다.

가축의 사료는 여물 또는 꼴이라 했고, 주로 소년들이 꼴망태나 지게를 지고 산 또는 들에 가서 해왔다. 겨울에 먹이기 위해 초가을에 해오는 꼴은 갈초라고 했고, 말먹이 여물은 따로 말꼴이라고 하여 구별해 불렀다.

퇴비는 짚으로도 했지만 풀을 해다 썩히는 것이 가장 좋았다.

남자들은 틈만 나면 산이나 들로 나가 거름풀을 해다 두엄간에 쌓아 놓았다. 이렇게 퇴비 만드는 자리를 두엄간 또는 두엄자리, 두엄더미 라 했고 농가에서는 없어서는 안 되는 중요한 시설이었다. 못자리나 모를 낼 논에도 풀을 썰어 넣어 거름을 했는데, 못자리에 넣는 풀은 모풀이라 했고 논에 내는 풀은 갈풀이라 하여 다른 거름과 구별해 불렀다.

땔나무는 풋나무 또는 새나무, 풋장이라고도 했다. 모두 비슷하게 쓰였으나 뜻은 조금씩 달랐다. 새나무는 갈대나 억새 따위를 걷어 온 것을 말하며 풋나무는 잡목, 풋장은 모든 것을 합한 의미로 쓰였 다. 가을이 되면 농부들은 틈만 나면 지게를 지고 산으로 가 겨울에 땔 나무를 해왔다. 이 나무꾼들이 부르던 민요가 많이 전해 오지만 그 가운데 하나를 소개하면 다음과 같다.

여봐라 아그덜아
낫을 썩썩 갈아
지게에다 꽂고
저 건너 안산에
큰애기 무덤으로
쑥대벌초를 갈거나

나무꾼들의 애환과 정서가 한껏 담긴 아름다운 노래이다.

이렇게 용도가 다양하고 광범위했던 만큼 그 풀을 서로 차지하려 는 쟁탈전 또한 심심치 않게 벌어졌던 모양이다. 정초에 하는 새나 무터전 싸움과 풀싸움놀이가 바로 그것이다. 이것들은 연례적으로 하는 놀이이기는 했지만, 푸서리를 놓고 일어날지도 모르는 그해의 분쟁을 미리 막아 보려는 다분히 의도적인 판가름과 같은 것이었다.

고장에 따라서는 또 장치기라는 것으로 푸새에 대한 주도권을

겨루기도 했다. 장치기란 새끼를 둘둘 감아 만든 공을 긴 작대기로 몰아 서로의 진영에 먼저 넣는 편이 이기는, 말하자면 요즘의 아이스 하키와 같은 경기였다. 보통 마을과 마을이 대항했는데, 청년들이 모여 넓은 공터에서 겨루어 이기는 편이 그해 뒷산의 땔감을 독점할 수 있었다. 이 경기는 실리적인 면도 있고 하여 곧잘 격렬해지곤 했는데, 부상자가 나기도 하고 더러 마지막에는 패싸움으로까지 발전하기도 했다.

풀로 하는 놀이로는 각시놀이, 피리불기, 타추(打芻), 소코끼기 또는 꼬무지라고 하는 것들이 있었다.

각시놀이는 어린 계집애들의 놀이였다. 요즘의 말하자면 소꿉놀이와 같은 것인데, 무릇과 같은 가늘고 긴 풀로 각시를 만들고 헝겊으로 옷을 해입혔으며 병풍이며 이불까지 만들어 신방 모양을 꾸며 놓고 각시놀음을 하였다.

피리는 버들피리와 풀피리를 만들어 불었다. 주로 나무하러 가는 소년, 꼴 베는 소년들이 불며 즐겼다. 버들피리는 가운데 목질 부분을 빼버리고 껍질만 가지고 만들었고, 풀피리는 풀잎을 두 입술 사이에 대거나 입에 물고 불었다.

타추라고 하는 것은 주로 나무하는 소년들이 하던 놀이였다. 베어놓은 땔나무를 단을 지어 세워 놓고 일정 거리에서 낫을 던져 쓰러뜨린 쪽이 상대쪽 것을 가졌다. 매일 반복되는 지루한 일을 즐겁게 하기 위해 자연스럽게 창안해 낸 놀이라고 생각된다.

소코끼기 또는 꼬무지라고 하는 것은 풀뿌리를 동그랗게 구부려 가락지 모양을 여럿 만들어 그것을 모래에 파묻고 가는 작대기로 찍어 찾아내는 놀이였다. 많이 찾아낸 사람이 이기는 것으로 했는데 이 놀이 역시 청소년들이 모여서 즐겨 하였다.

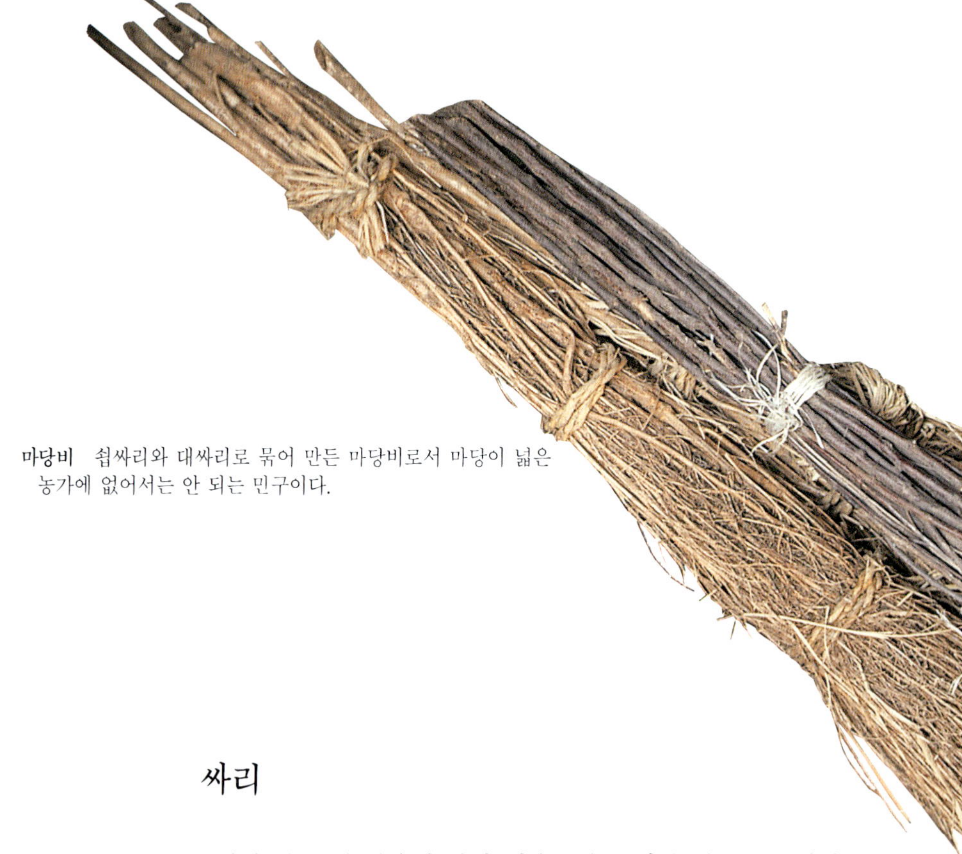

마당비 쇱싸리와 대싸리로 묶어 만든 마당비로서 마당이 넓은
농가에 없어서는 안 되는 민구이다.

싸리

산에서 나는 것 가운데 가장 활용도가 높았던 것으로는 싸리를
들 수 있다. 싸리에는 참싸리와 고듭싸리, 고양싸리, 꽃싸리, 갯가에
나는 쇱싸리, 흔히 마당 귀퉁이에 심는 대싸리 등이 있다. 이 가운데
쇱싸리와 대싸리로는 대개 마당비를 만들었고 채반, 바구니 등의
채그릇들은 거의가 산에서 나는 참싸리, 고듭싸리, 고양싸리, 꽃싸리
등으로 걸었다.

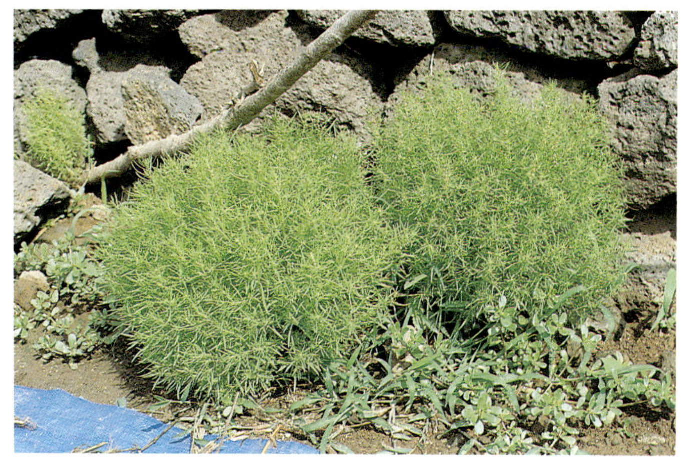

대싸리 명아주과에 속하는 일년초이다. 마당 귀퉁이에 심어
마당비를 묶는 데 사용되었다.

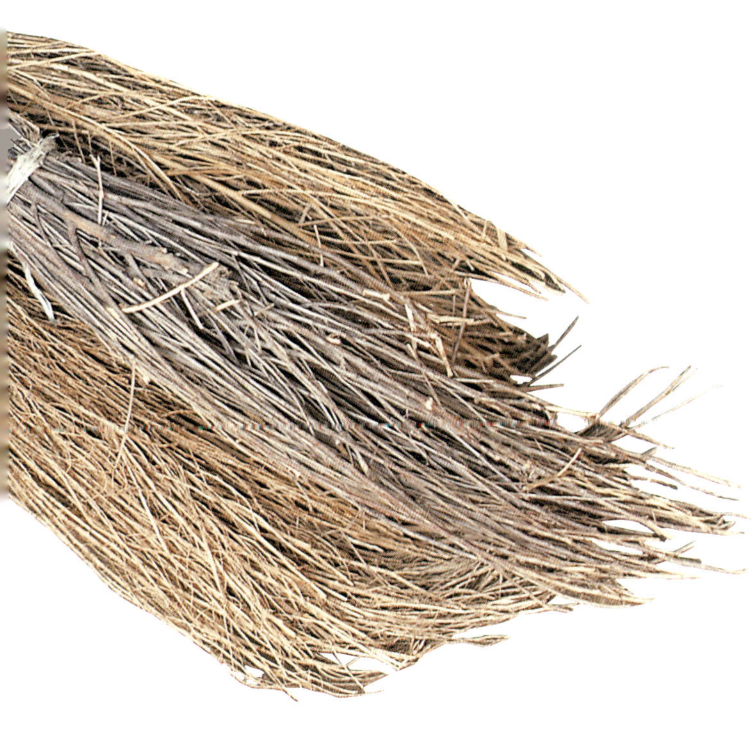

채그릇이란 싸릿개비나 가는 나무 오리로 결어 만든 그릇의 총칭인데, 특히 싸리로 결은 그릇에는 반드시 이 채라는 말이 붙게 마련이었다. 가령 싸리로 쟁반처럼 둥글게 결은 것은 채반이라 했고, 곡식을 저장할 수 있도록 독 모양으로 만든 것은 채독이라 했으며, 옷이나 책 따위를 담을 수 있게 네모나게 만든 것은 채롱이라 한 것 등이다.

싸리의 채취 시기는 대략 음력 7월경이 적기인데 껍질을 벗기지 않고 통대로 쓸 경우에는 가을 늦게 채취해 오기도 했다. 이렇게 가공하기 위해 잘라온 가지를 싸릿개비라 했고, 고장에 따라서는 싸릿갱이, 챗가지라고도 했다. 싸리를 해오면 먼저 쇠죽솥 같은 큰 그릇에 담아 서너 시간 푹 삶았다. 껍질이 다 익어 벗겨지면 속에서 하얗고 매끈매끈한 속이 나오는데 이것을 속대라 했고, 그 벗긴 껍질은 비사리라고 했다.

대개 채반이나 다래끼, 채롱, 소쿠리, 쌀책박, 용수 따위는 이 매끈매끈한 속대로 결었다. 적기에 채취해다 말려 두었다가 겨울 한가한 때가 되면 꺼내 물에 잠시 담가 눅눅하게 해 결었다. 그러나 때에 따라서는 껍질을 벗기지 않고 통대인 채로 엮는 경우도 있었는데, 이런 것들은 사용하는 과정에서 겉껍질이 너덜너덜 떨어져 나오고 또 그 부분이 먼저 부패하여 속대만으로 결은 것보다는 보기에 별로 아름답지 않았다. 무엇을 널어 말리는 발이나 지게 위에 얹는 발채, 잠박, 삼태기, 닭의 어리, 바자울 따위는 모두 이 통대로 엮었다.

비사리의 활용도는 이외로 높은 편이었다. 독특한 갈색으로 해서 짚과 조화를 잘 이루었기 때문에 짚으로 엮는 갖가지 민구류, 가령 맷방석, 둥구미, 도래멍석, 망태기 등에 무늬를 놓는 재료로 사용되었다. 짚그릇에 무늬를 놓는 것은 미의식의 한 표현이기도 했지만 한편 농경 사회에서 자칫 동네 그릇들이 모두 한곳에 모이는 경우 자기 것을 구분하기 위한 배려이기도 했다. 누런 짚색 속에 짙은

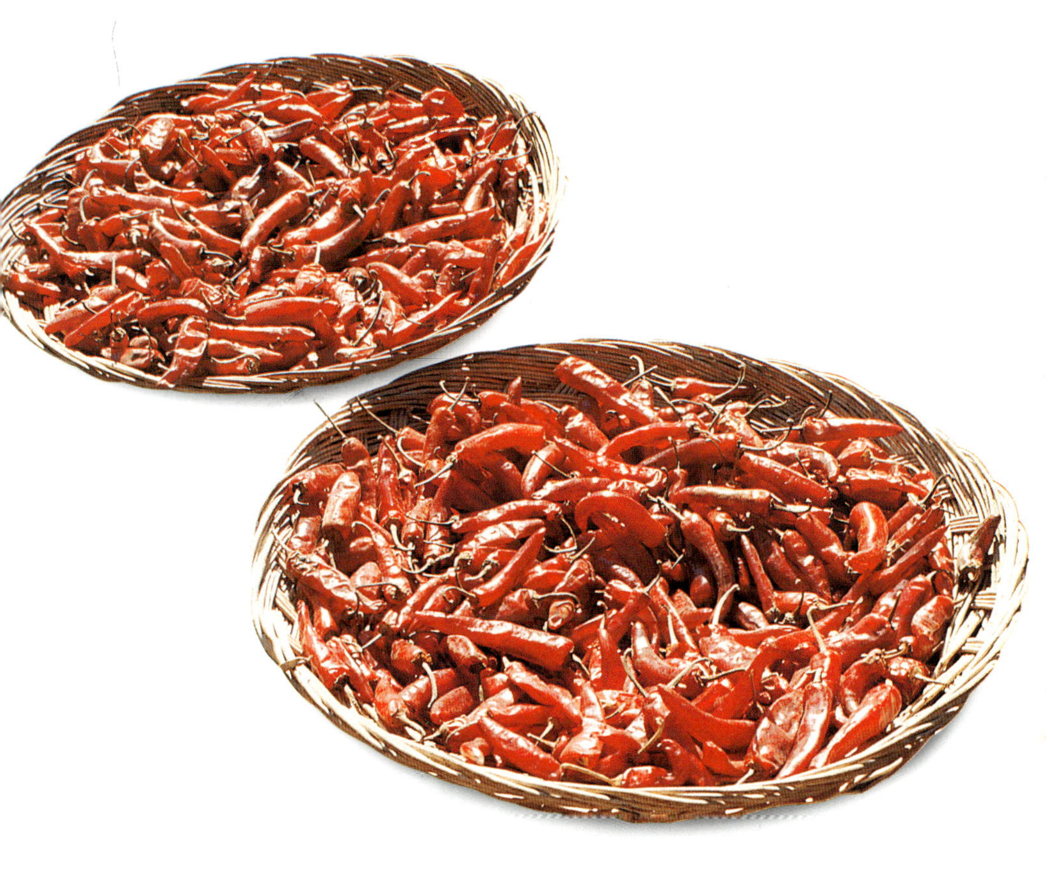

채반　싸릿개비로 엮은 채반이다. 채반은 고장에 따라 대나무, 개나릿대 따위로도 엮었
지만 싸릿개비로 엮은 것이 가장 널리 쓰였다.

갈색 비사리로 가늘게 또는 굵게, 알록달록 놓은 무늬는 어딘가
친근감이 있으면서도 상당한 수준의 품격을 지니고 있어 가히 예술
이라 하기에 손색이 없었다.

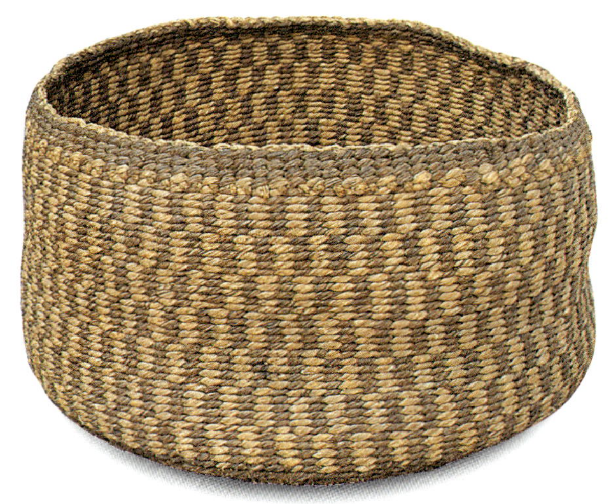

둥구미 볏짚과 비사리를 섞어 엮은 둥구미이다. 비사리의 독특한 갈색은 볏짚의 누런
　색과 잘 어울려 무늬를 놓는 데 곧잘 활용되었다.(위)
대문 싸릿개비로 엮어 틀을 해 세운 대문이다. 40년이 넘었다는 이 대문은 엮음새의
　아름다움을 아직 생생히 간직하고 있다.(옆면)

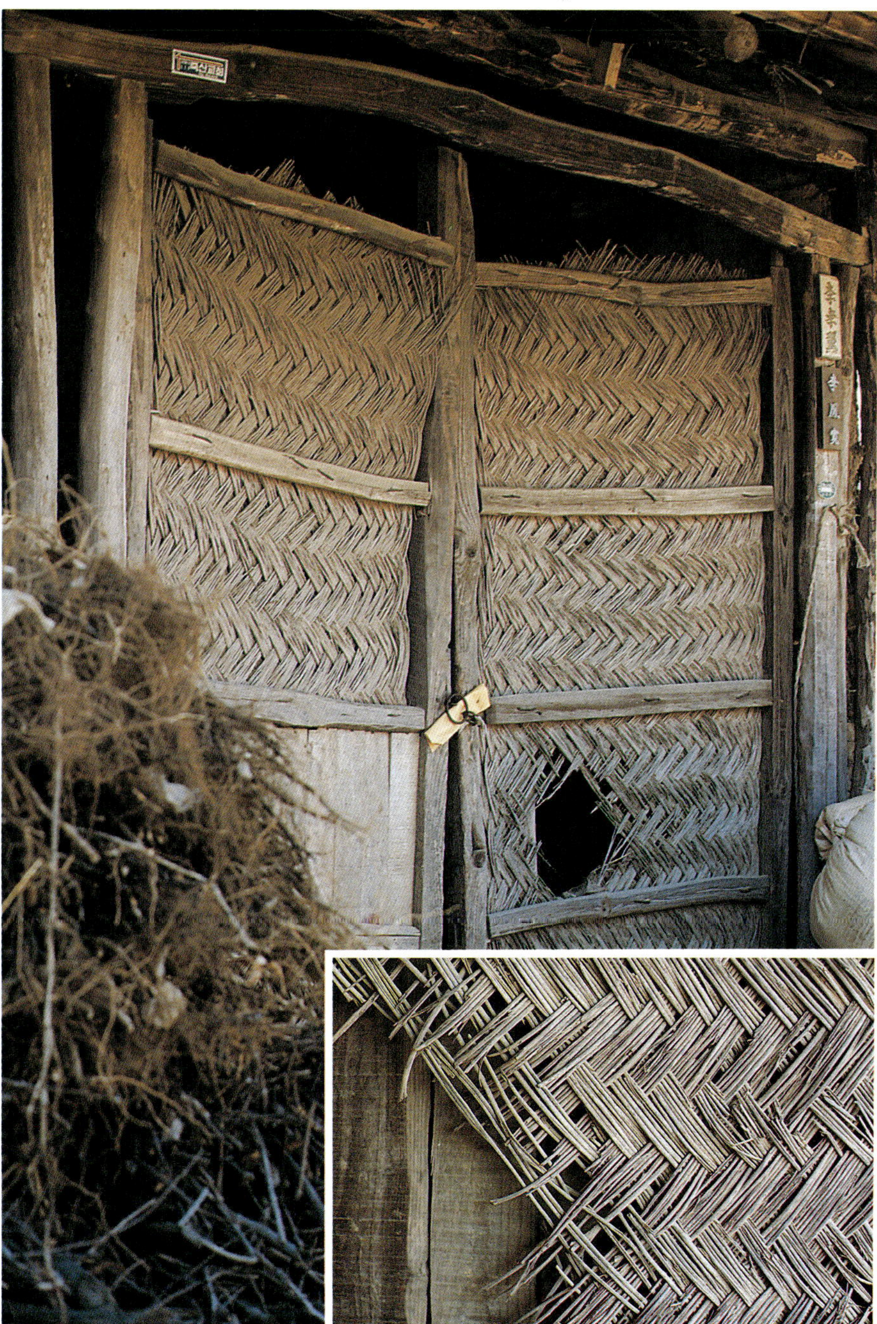

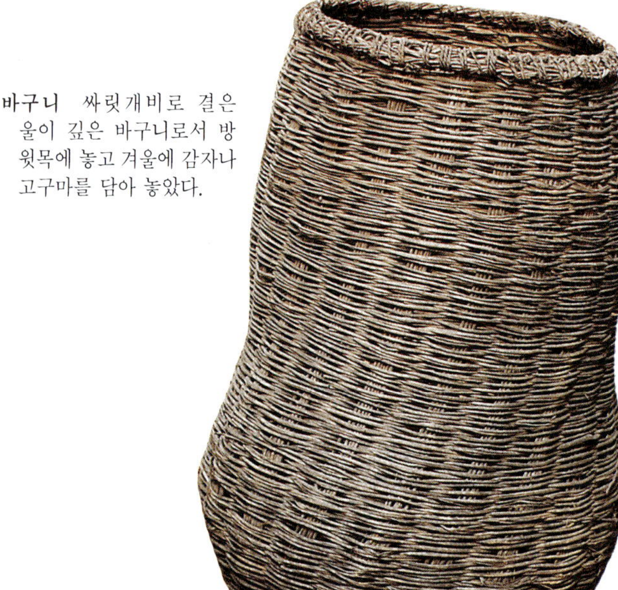

바구니 싸릿개비로 결은
울이 깊은 바구니로서 방
윗목에 놓고 겨울에 감자나
고구마를 담아 놓았다.

　비사리는 고장에 따라 비소리 또는 비수리라고도 했고, 그런 까닭
에서인지 경남 함양 지방에서는 싸리로 결은 삼태기를 비사리끄릉
텡이 또는 비아리끄릉텡이라고 했다. 비사리로는 그 밖에 밧줄을
꼬았고 볏짚보다 약간 질겼기 때문에 짚신바닥 삼는 데 곧잘 활용되
기도 했다.

　농가에서 곡물을 저장하는 그릇에는 여러 가지 종류가 있었다.
논농사가 많은 고장에서는 주로 볏짚으로 멱서리, 섬, 짚독, 근래에
와서는 가마니 따위를 엮어 썼고 토골 또는 나락뒤주에 부어 보관하
기도 했으나, 산간에서는 주로 싸리로 채독을 엮어 담았다.

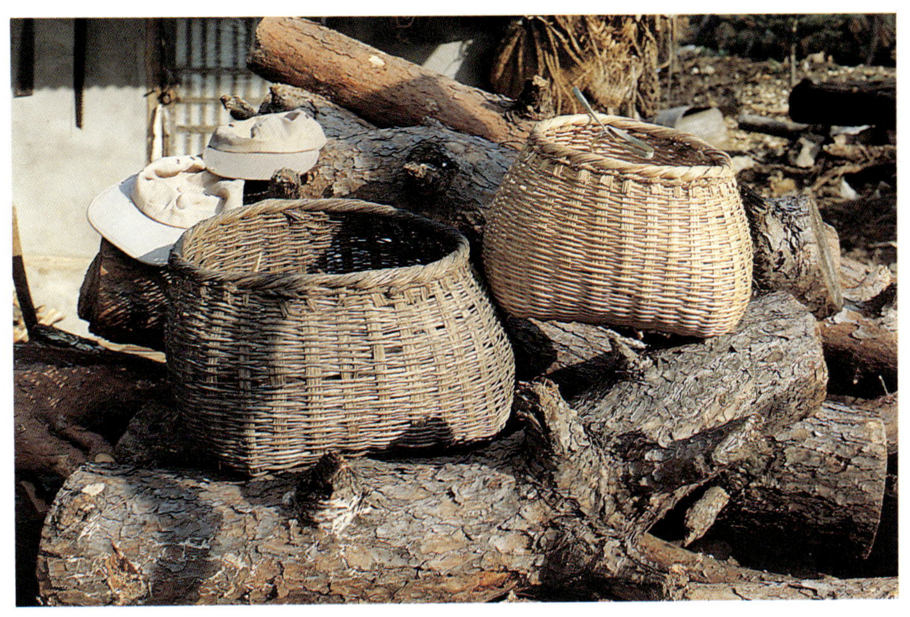

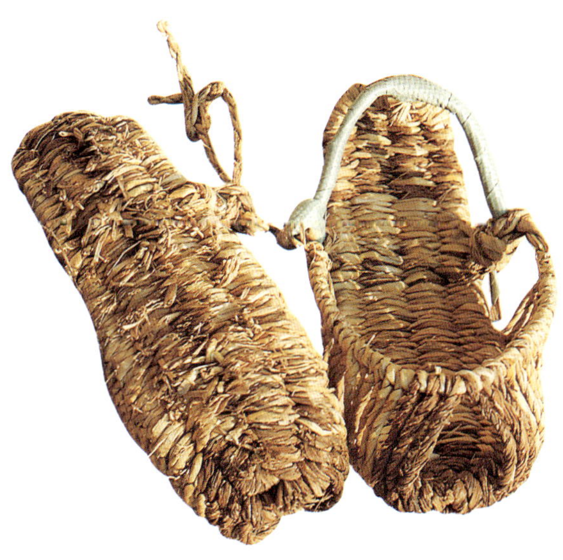

다래끼　싸릿개비로 결은 작은 다래끼
들이다. 곡물, 채소 따위를 담거나
끈을 달아 허리에 차고 감을 따기도
했다.(위)

짚신　앞코와 바닥에 비사리를 섞어
삼은 짚신이다. 비사리를 섞은 것은
볏짚만으로 삼은 것보다는 질기다.
이렇게 삼은 신은 두메싸립 또는 막
치기라 했는데 농부들이 들일을 하
거나 산에 나무하러 갈 때 신었다.
(왼쪽)

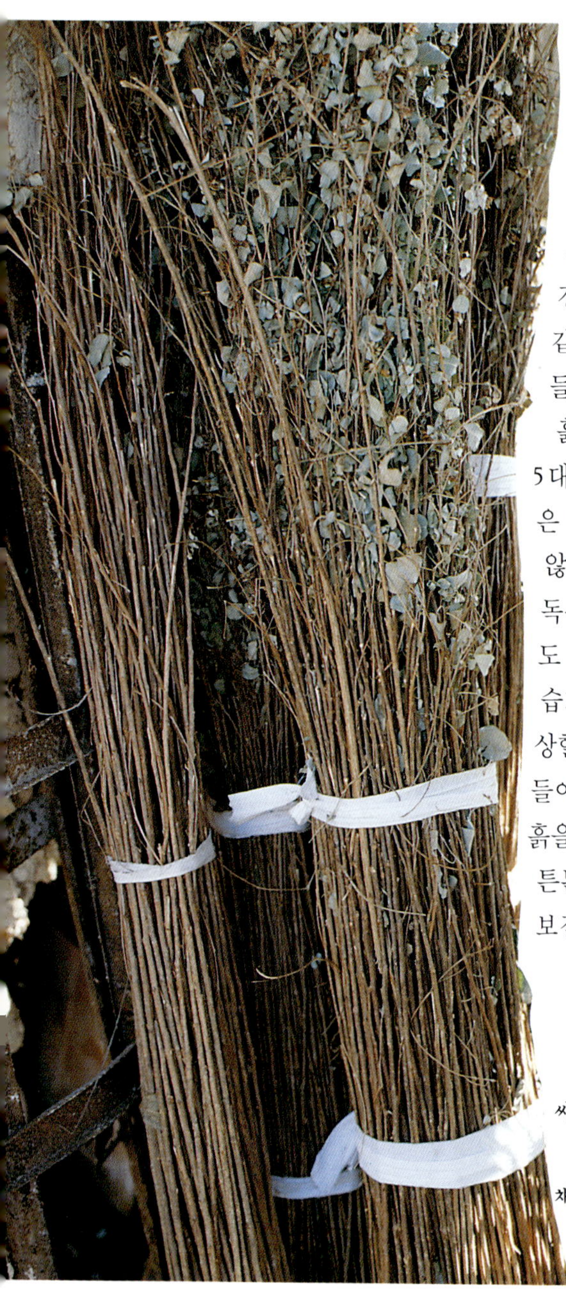

음력 7월경 싸릿개비를 해다가 껍질을 벗기거나 또는 통대로 우선 엉성하게 독 모양을 만들었다.

그 다음 안팎을 종이로 바르거나 흙으로 싸서 발랐는데, 종이로 바른 경우에는 반드시 마른 다음 들기름 같은 것을 골고루 먹여 탄탄하게 만들었다.

흙을 바를 때는 진흙에 쇠똥을 대개 5대 5의 비율로 섞어 발랐는데, 그 까닭은 말라도 흙이 떨어지거나 갈라지지 않게 하기 위해서였다. 이렇게 만든 채독은 헛간이나 부엌 아무 곳에 놓아도 쥐가 쉬 파지 못했으며 사시 사철 습기 조절이 잘 되어 곡물이 썩거나 상할 염려가 거의 없었다. 크기는 두 섬들이, 세 섬들이 등 마음대로 만들었고 흙을 발라 만든 채독은 아주 견고하고 튼튼하여 잘 쓸 경우 20년은 거뜬히 보전되었다.

싸릿개비 가공하기 위해 채취해다 놓은 싸릿개비로서 껍질을 벗기지 않고 그대로 잎만 떨어낸 다음 발채며 삼태기를 엮었다. (왼쪽)
채독 싸릿개비로 엮은 채독으로서 곡물을 저장하기 위한 그릇이다. 종이를 바르거나 쇠똥 섞은 진흙을 발랐다. (옆면)

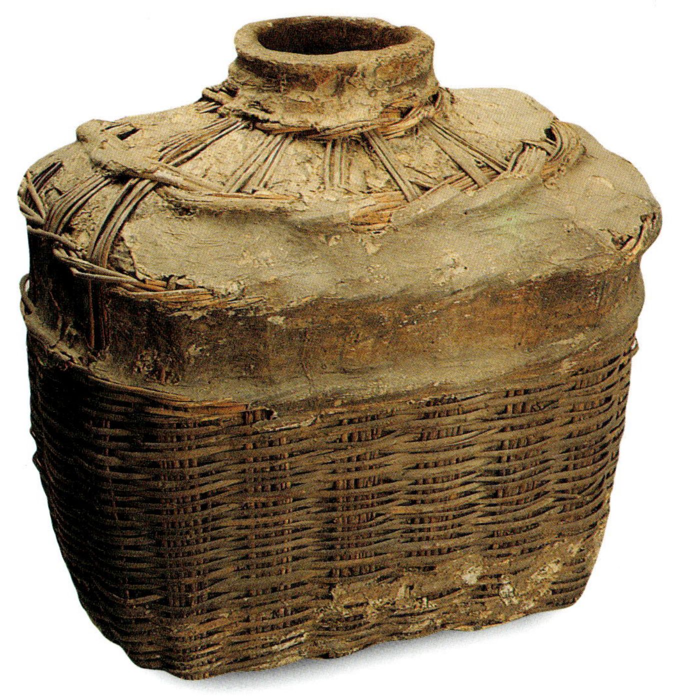

　그 밖에 신물(神物)로 농불(籠佛)과 싸리말이 있었다. 농불은 싸리로 만든 부처이고 싸리말은 배송굿을 할 때 천연두의 두신을 태워 보내던 말이었다. 이런 신물들에 싸리가 쓰인 것은 싸리 자체에 어떤 신앙적인 의미가 있어서이기보다는 워낙 손쉽게 구할 수 있는 데다 자유 자재로 다룰 수 있는 공예적인 장점 때문이 아니었나 짐작된다.

띠

　모옥(茅屋)이라는 말이 있다. 띳집이라는 한자말이다. 서울시 암사동에 있는 선사 주거지에 가 보면 재현해 놓은 움집에 전부 억새를 씌워 놓은 것을 볼 수 있다. 당시의 지붕이 무엇이었는지, 그 기록은 물론 현재 남아 있지 않지만 상상해 보면 억새일 가능성이 많아 아마 그렇게 하였을 것이다.

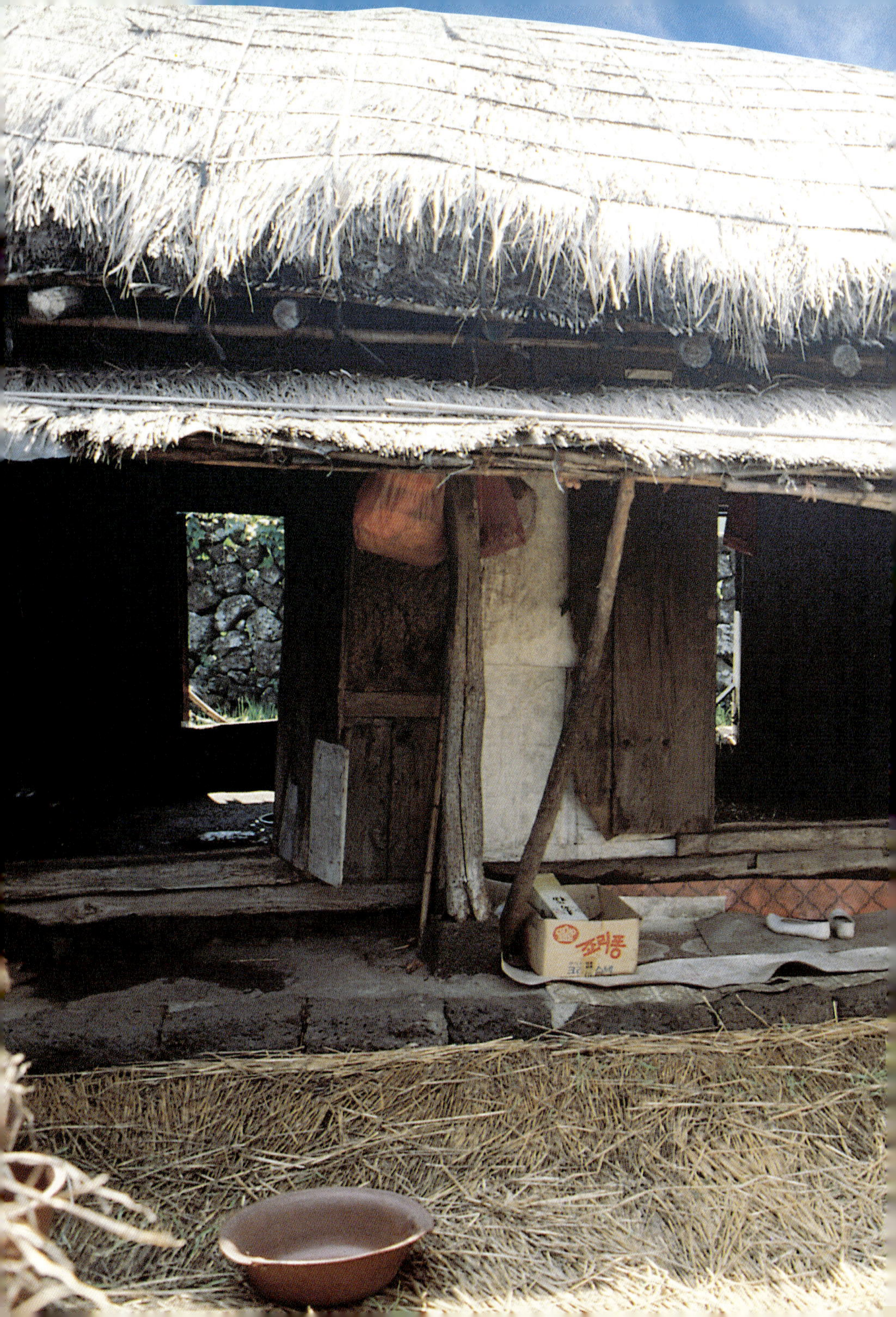

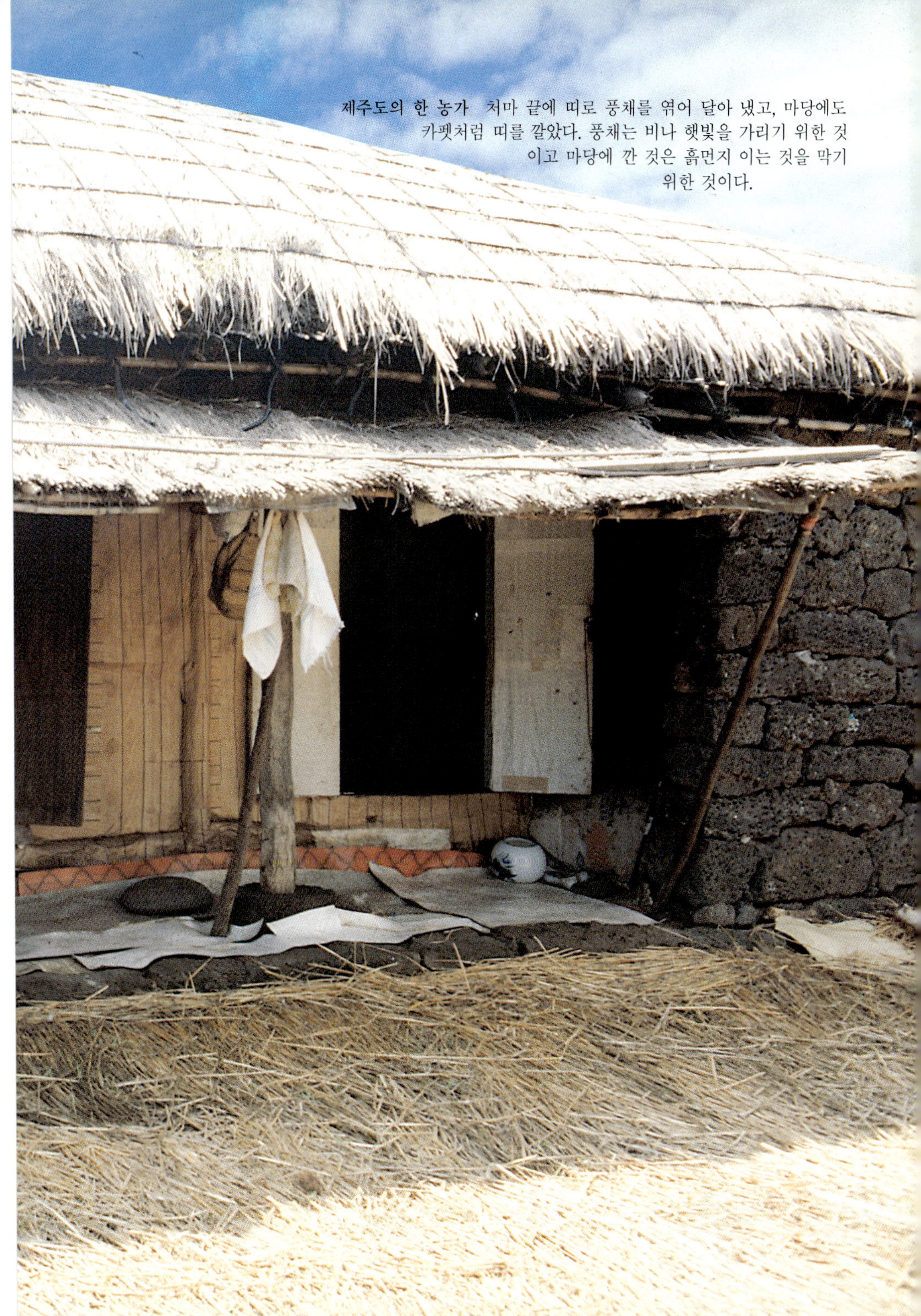

제주도의 한 농가 처마 끝에 띠로 풍채를 엮어 달아 냈고, 마당에도
카펫처럼 띠를 깔았다. 풍채는 비나 햇빛을 가리기 위한 것
이고 마당에 깐 것은 흙먼지 이는 것을 막기
위한 것이다.

전에 수요가 한참 많을 때 제주도에서는 새밭이라고 하여 따로 띠를 심기도 하였다. 띠를 제주도에서는 새라 하고 우리가 새와 얼른 혼동하기 쉬운 억새는 어욱이라고 따로 구분하고 있다. 띠는 한라산 중턱에 무진장으로 자생하는 식물이다. 그러나 그 수요가 워낙 많았기 때문에 농사가 잘 안 되는 빌레밭에는 더러 이 띠를 키우기도 하였다. 빌레밭이란 돌이 많은 땅이라는 제주도 말로서 좀체 농사가 안 되는 버려진 땅과 같은 것이다.

띠는 대개 8월 추석 이후에 해왔다. 낫질을 해 이삼 일 두었다가 실어 오기도 하고 실어다가 집에서 이삼 일 말려 쓰기도 했다. 이렇게 말린 띠는 제주도같이 다량으로 쓰는 곳에서는 따로 새치기라고 하여 흡사 머리빗같이 생긴 목제 연장으로 잡풀을 모두 훑어 제거하였다. 이렇게 하는 것을 제주도에서는 "배설 훑어낸다"고 하였고 이 과정을 거친 띠는 매끄럽고 부드러워 엮거나 치는 데 매우 편리하였다.

띠로는 지붕말고도 자리를 친다거나 도롱이를 엮는다거나 풍채를 만들었다. 띠를 재료로 친 자리는 띠자리 또는 띠적이라 했는데, 제주도만이 아니라 충청도, 전라도, 경기도 등 전국 각지에서 고르게 사용하였다. 특히 띠자리는 약간 신성시된 면이 있어서 경남 함양 지리산 부근에서는 전에 애기를 낳을 때면 반드시 이 띠자리를 깔고 출산했다. 다른 고장에서 삼신짚을 까는 것과 어떤 관계가 있는지는 알 수 없으나 이렇게 띠자리를 깔고 낳으면 애기에게 두드러기가 나지 않는다는 속신이 있었다는 것으로 보아 아주 무관하지는 않았던 것으로 보인다.

그런가 하면 전북 남원 지방에서는 배석자리를 반드시 이 띠로 엮었다. 배석자리란 제사나 고사 등 제의를 지낼 때 까는 돗자리를 말하는데, 이 지방에서는 산모가 애기를 가지면 반드시 남자 어른 한 사람이 산에 올라가 가장 정결한 장소에 난 띠를 한 짐 해왔다.

띠를 여러 날 잘 손질하여 길이 약 5자, 너비 약 2.5자의 자리를
쳐 다락에 두었다가 애기를 출산하면 그 띠자리 한쪽에 깨끗한 짚
한 움큼을 놓고 그 위에 청수 한 사발을 놓은 다음 애기의 무병
장수를 빌었다. 이 띠자리는 애기가 다 클 때까지 다락에 세워 두고
시시때때로 삼신에게 빌 때마다 꺼내 깔았다.

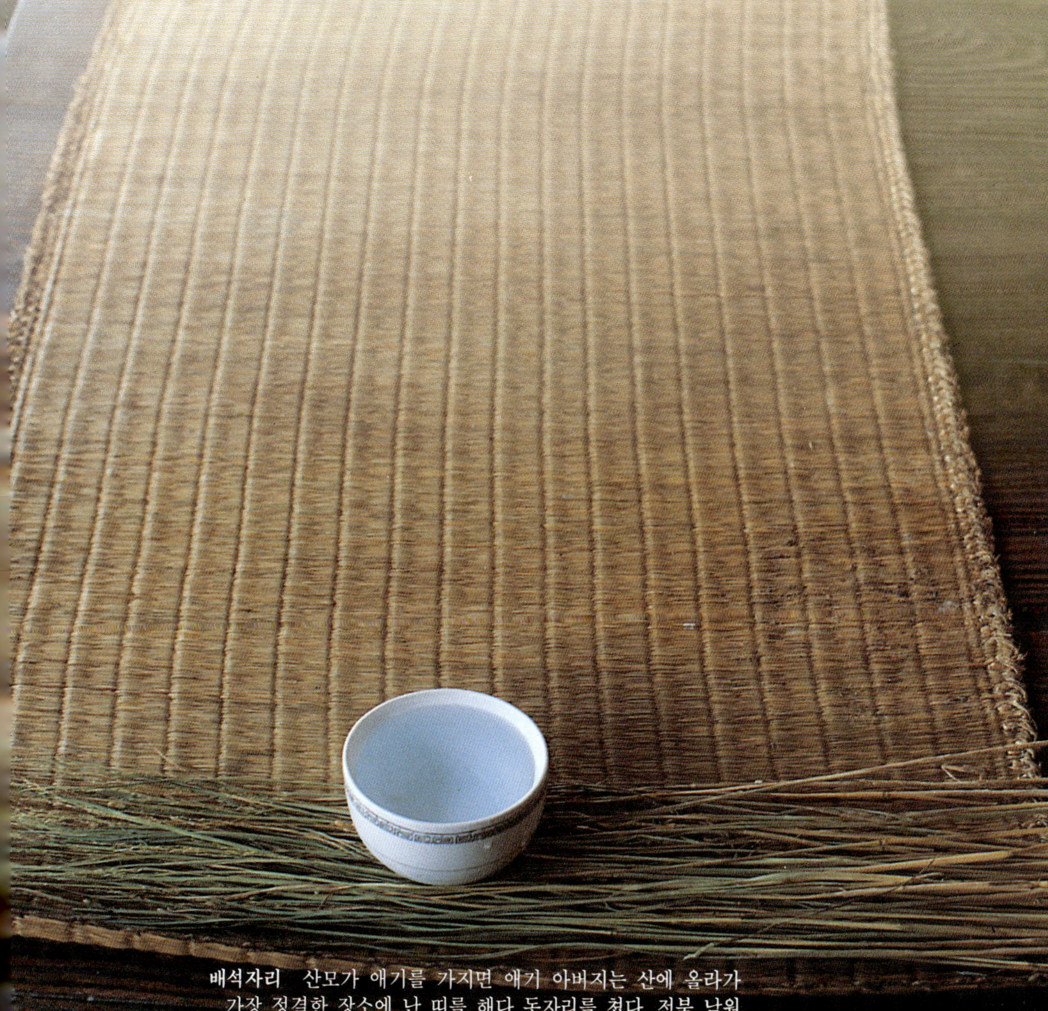

배석자리 산모가 애기를 가지면 애기 아버지는 산에 올라가
가장 정결한 장소에 난 띠를 해다 돗자리를 쳤다. 전북 남원
지방의 배석자리이다.

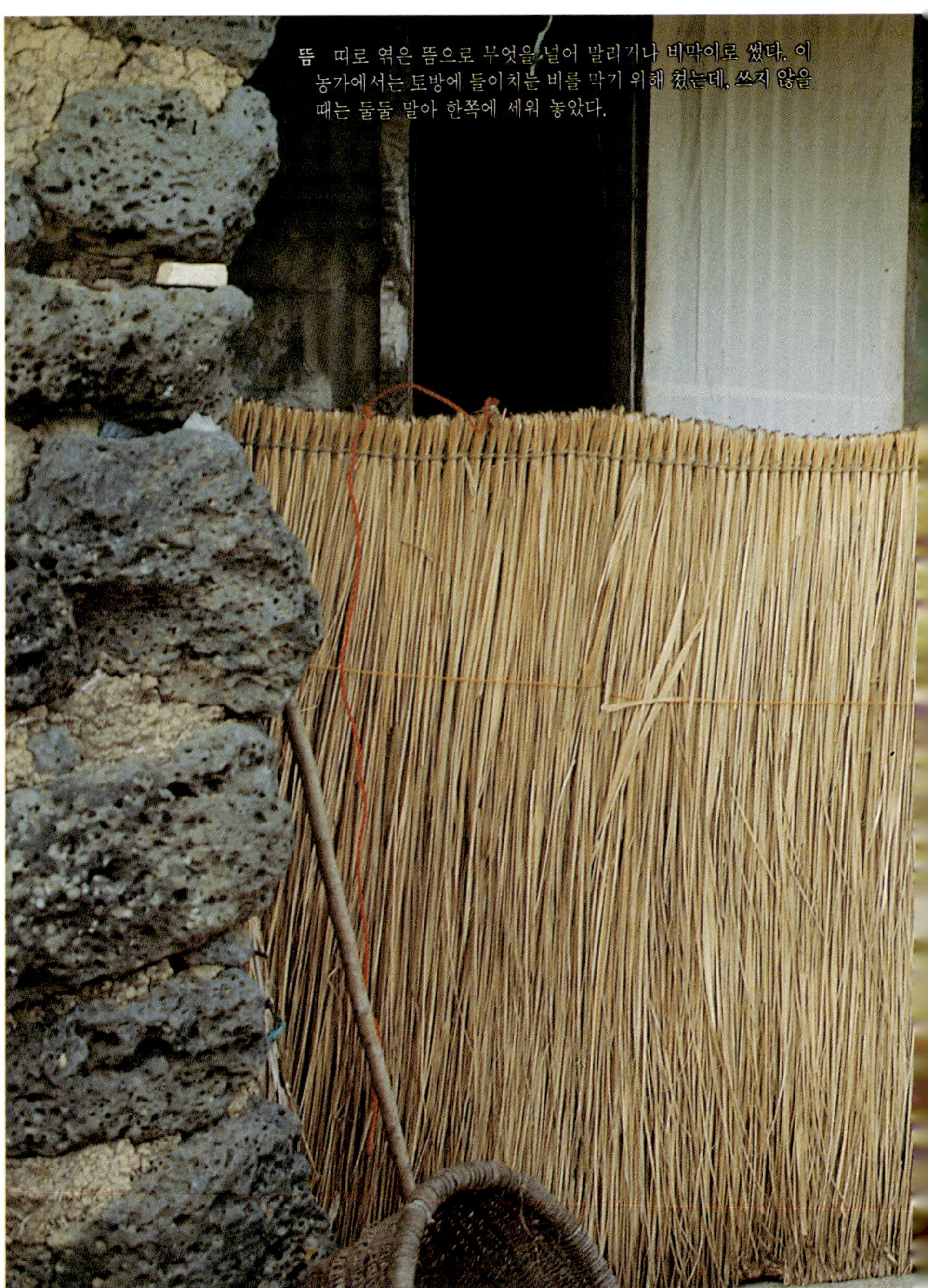

뜸 따로 엮은 뜸으로 무엇을 널어 말리거나 비막이로 썼다. 이 농가에서는 토방에 들이치는 비를 막기 위해 쳤는데, 쓰지 않을 때는 둘둘 말아 한쪽에 세워 놓았다.

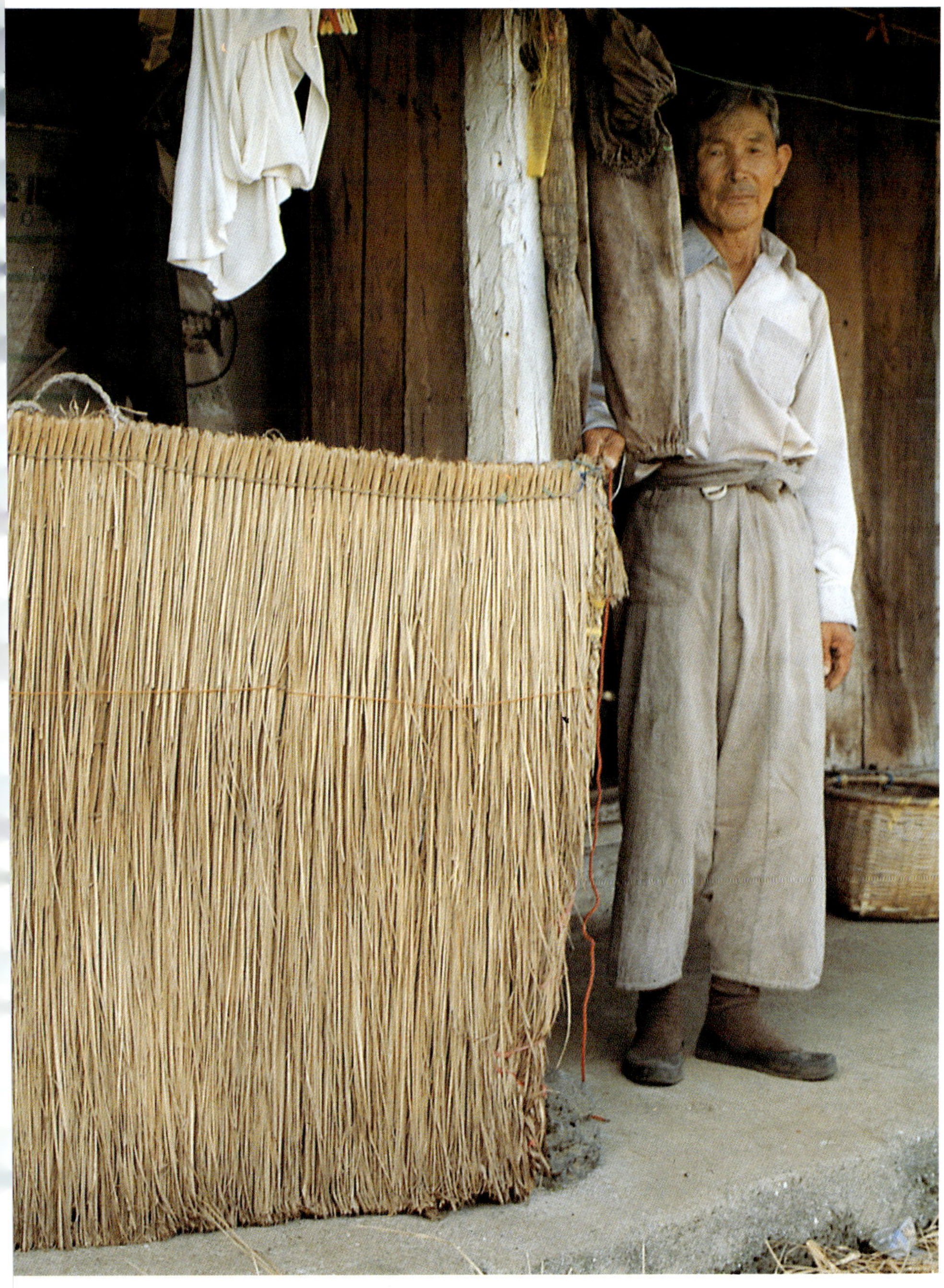

갈대

바람에 날리는 갈대와 같이 항상 변하는 여자의 마음, 어쩌고 하는 노래가 있다. 갯가나 습지에 무더기로 자란 갈대가 바람에 우우 기우는 광경은 실연한 남자에게는 여자의 마음처럼 증오스러울지 모르나 하나의 풍경으로는 그렇게 아름다울 수가 없다.

이 갈대 역시 우리 생활에는 매우 유익한 식물 가운데 하나였다. 갈대는 키가 2 내지 3미터까지 자란다. 마디가 있으나 곧게 뻗기 때문에 예부터 여러 가지 민구를 만드는 재료로 널리 활용되어 왔다. 갈대는 소량으로 쓸 경우에는 집 주변에 자생하는 것으로 충족했으나 대량으로 필요한 경우에는 습지를 일구어 일부러 키웠다. 이런 곳을 갈밭이라고 했는데, 약 60년 전까지만 해도 강원도 등지

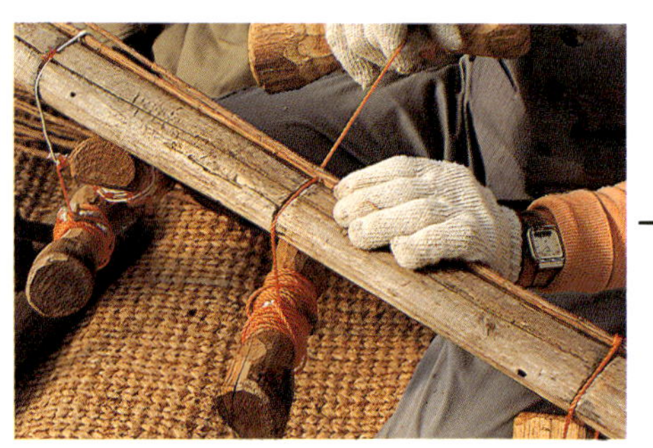

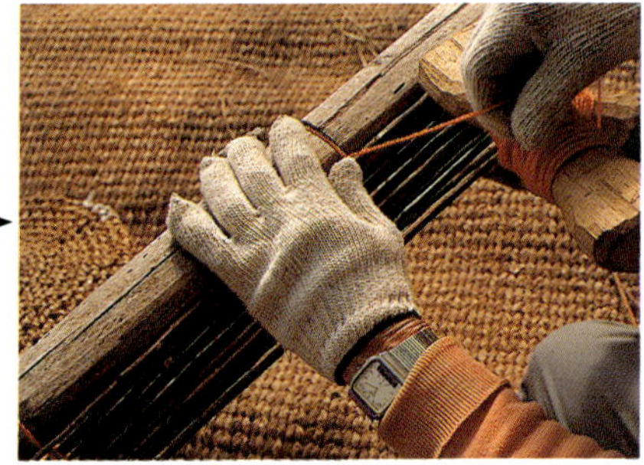

발을 치는 모습 말려 놓은 뺑쑥대를 발틀에 걸어 발을 치는 모습으로 굵은 나일론 줄을 고드랫돌에 감아 이쪽 저쪽으로 옮겨가며 친다. 이렇게 만든 발은 가을에 여러 가지 농산물을 널어 말리는 데 없어서는 안 되는 필수품이다.

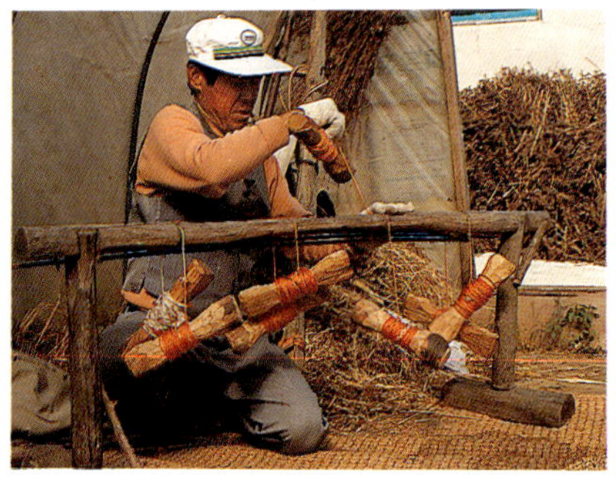

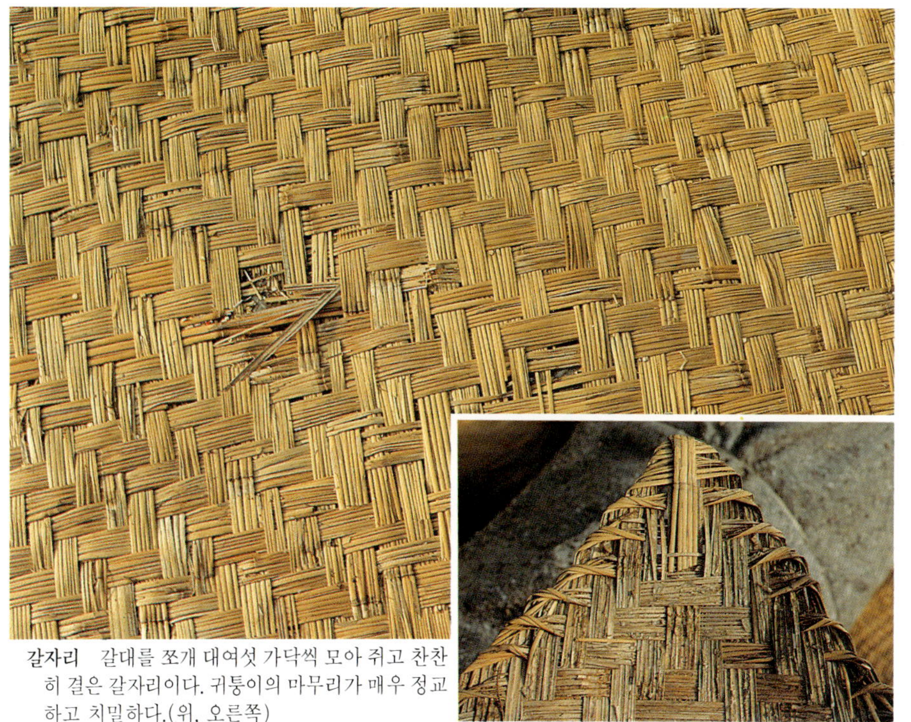

갈자리 갈대를 쪼개 대여섯 가닥씩 모아 쥐고 찬찬히 걸은 갈자리이다. 귀퉁이의 마무리가 매우 정교하고 치밀하다.(위, 오른쪽)

에서는 이 갈밭에 갈대를 심어 단을 만들어 장에 내다 팔아 수익을 올렸다. 그만큼 갈대의 수요가 많았던 것이다.

갈대가 가장 많이 쓰였던 부분은 갈자리였다. 비닐 장판이 나오기 전까지 갈자리는 우리 가정에 없어서는 안 되는 필수품이었다. 더러 양반 계급들이야 호사스러운 장판을 깐다거나 화문석 따위로 치장을 했지만 일반 서민들, 특히 농가에서는 띠자리, 부들자리, 무늬 없는 왕골자리 따위와 더불어 갈자리를 까는 것이 일반적이었다. 갈자리란 삿자리라고도 하는 것으로 갈대를 곱게 걸어 방에 깔도록 만든 일종의 돗자리인 것이다.

갈자리는 한 방에 두 닢을 까는 것이 원칙이었다. 방 크기에 따라

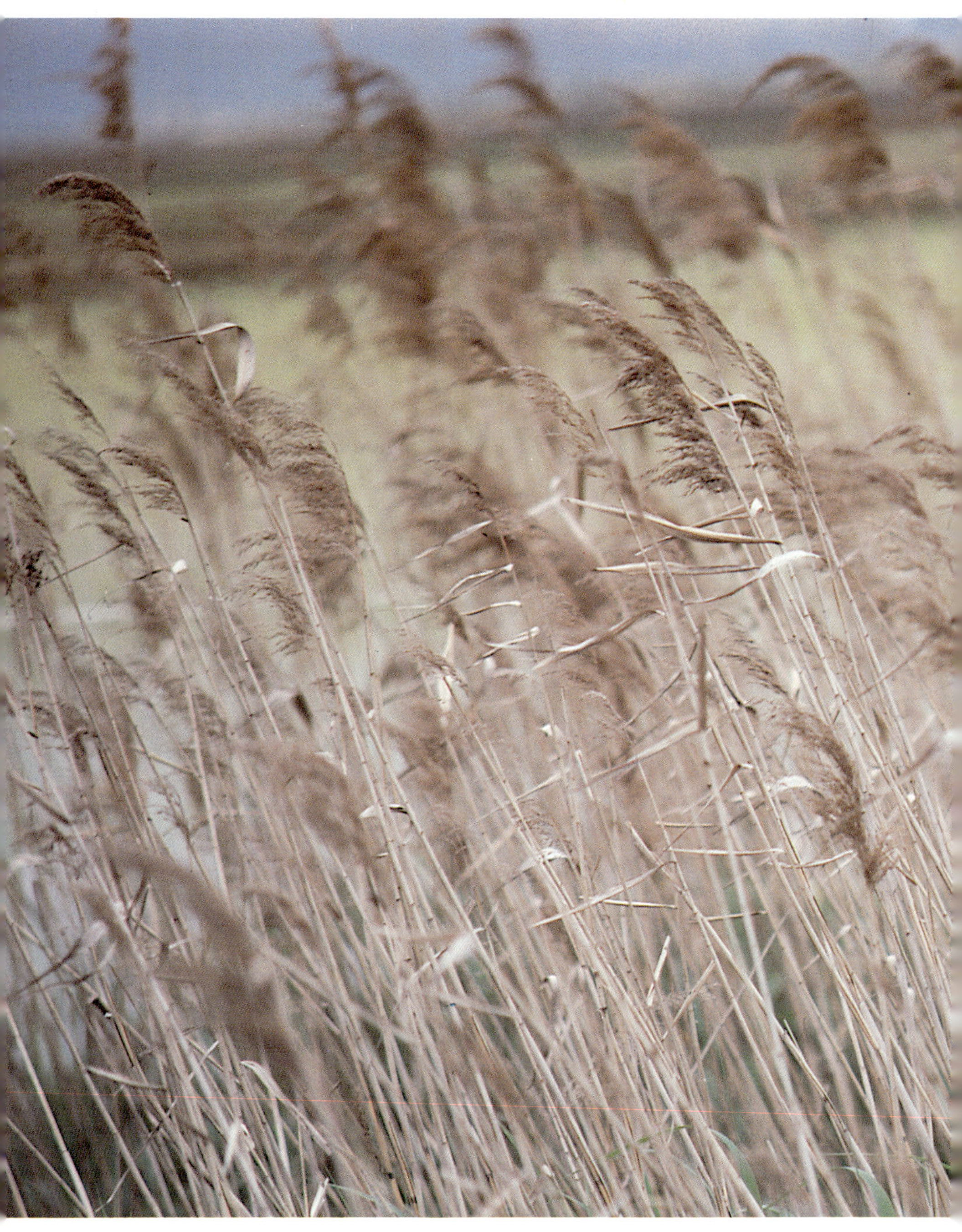

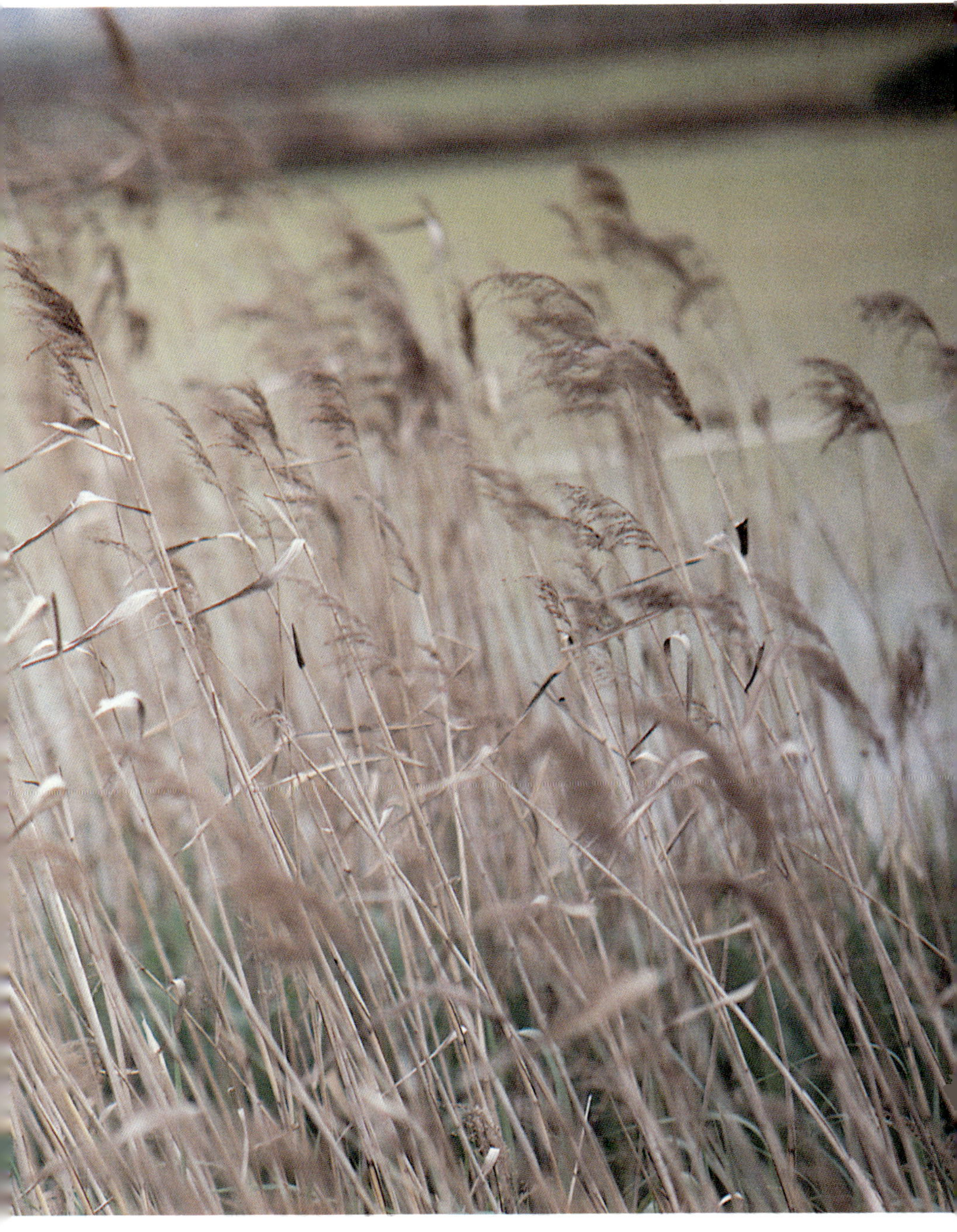

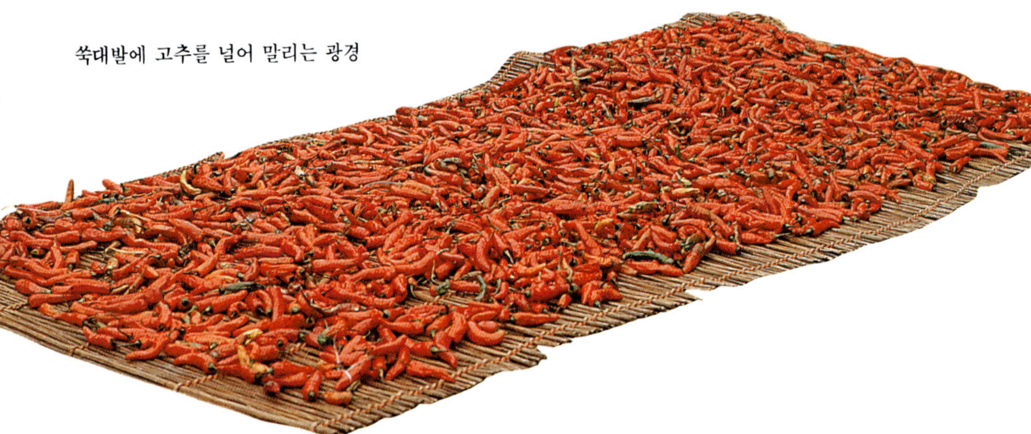

분량도 달랐는데, 한 방 결을 수 있는 갈대의 양을 한방거리라고
했다. 가을에 갈대를 해오면 잘 말려 반으로 쪼개 대여섯 가닥씩을
모아 쥐고 찬찬히 결었다. 보기보다는 공정이 꽤 까다로워서 솜씨가
어지간해서는 좀체 잘 결어지지 않는 힘든 작업이었다.

갈대로는 그 밖에 갈삿갓, 바자울, 삿반, 질삿반, 발, 삼태기 따위
를 엮었다. 이 가운데 발과 삿반, 삼태기 등은 지금도 농촌에 가면
흔히 볼 수 있는 민구류이다. 발은 더러 서울 같은 도시까지 운반되
어 해가리개나 칸막이로 팔려 왔다. 그러나 최근에 와서는 대만산
갈대발이 많이 수입되고 있어 아쉬운 감이 없지 않다. 우리 농촌에
도 이제는 손이 달려 더 이상 질 좋은 갈대를 공급하지 못하기 때문
에 생긴 현상으로 짐작된다.

농촌에서 손쉽게 엮어 쓰는 발로는 쑥대발, 싸리발, 갈대발 등이
있다. 가을이면 감도 따서 말리고 건조실에 층층이 펴 놓아 고추
따위를 대량으로 말리기도 한다. 발은 농가에 없어서는 안 되는
필수품이다. 이 발은 거적틀 또는 발틀이라고 하는 간단한 기구로
농민이 직접 엮어서 쓴다.

삿반은 갈대로 결은 채반을 말한다. 채반과 같이 많이 구부려야
하는 민구류는 주로 싸리로 엮었지만 고장에 따라서는 갈대로도

엮었다. 이 채반을 한층 우묵하게 해서 지게에 얹어 물건을 담게 만든 것은 질삿반이라 했다.

갈삿갓은 갈대로 엮어 만든 일종의 모자이다. 삿갓은 갈대말고도 부들, 대나무 따위로도 엮었다. 부들로 엮은 것은 늘삿갓이라 했고, 대나무로 결은 것은 대삿갓이라 했다.

삿갓은 갓과는 근본적으로 다르다. 갓은 가는 대오리나 말총으로 섬세하고 곱게 엮은 것이고 삿갓은 거친 재료로 아무렇게나 엮은

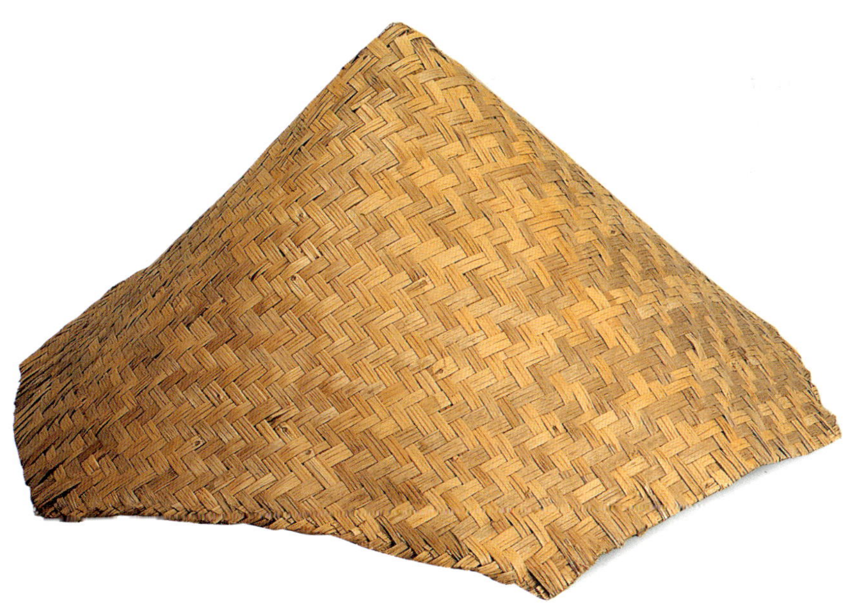

농립 우립(雨笠)이라고도 하는 삿갓으로 농부나 상민이 비나 해를 가리기 위해 썼다. 안에는 머리에 맞게 둥근 미사리를 댔다.

것이다. 갓이 양반 계급의 모자였다면 삿갓은 상민과 농민들이 애용
하던 모자라고 할 수 있다. 햇볕과 비를 피하기 위해 차양을 넓게
만들었고 안에 테를 둘러 머리에 맞춰 쓰게 하였다. 특히 농민들에
게는 이 삿갓이 농사에 절대 없어서는 안 되는 물건이었다. 비오는
날 논이나 밭을 돌보려면 반드시 이 삿갓에 띠나 부들로 엮은 도롱
이를 걸치고 나갔다. 삿갓을 일명 농립(農笠) 또는 우립(雨笠)이라
고 하는 것도 바로 이 때문이다.

　가을이 되면 갈대 맨 꼭대기에 하얀 꽃이 핀다. 이 꽃이 피는 부분
을 가리켜 갈목이라 한다. 이 갈목으로는 예부터 방비를 만들어
왔다. 방비는 그 밖에 짚의 새꽤기, 질강폭 따위로도 만들었으나
갈목을 재료로 하여 가장 많이 만들었다. 그만큼 부드럽고 질겼기
때문이다.

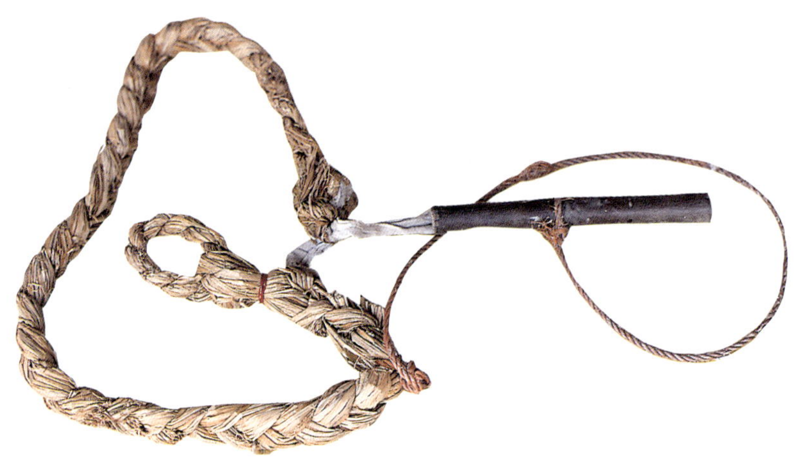

자리개　볏짚을 머리 땋듯 찬찬히 땋고 끝에 막대기를 댄 이것은 자리개라고 하는 비를
엮는 연장이다. 이 자리개를 허리에 두르고 막대기를 발끝으로 밀며 힘껏 잡아당기면
비가 아주 탄탄히 매진다.

가을이 되어 갈대 끝에 이삭 겸 꽃이라고 할 수 있는 갈목이 통통히 고개를 내밀면 새꽤기 전부를 뽑아다 약 일 주일 가량 소금물에 푹 담가 놓았다. 다 절여지면 그대로 불에 올려 놓고 푹 삶아 부드럽게 한 다음 맑은 물에 하루쯤 담가 짠물을 빼냈다. 이렇게 한 갈목은 시래기처럼 노끈으로 엮어 매달아 말리기도 하고 엮기 좋게 아주 뭇을 갈라 묶어 말리기도 했다.

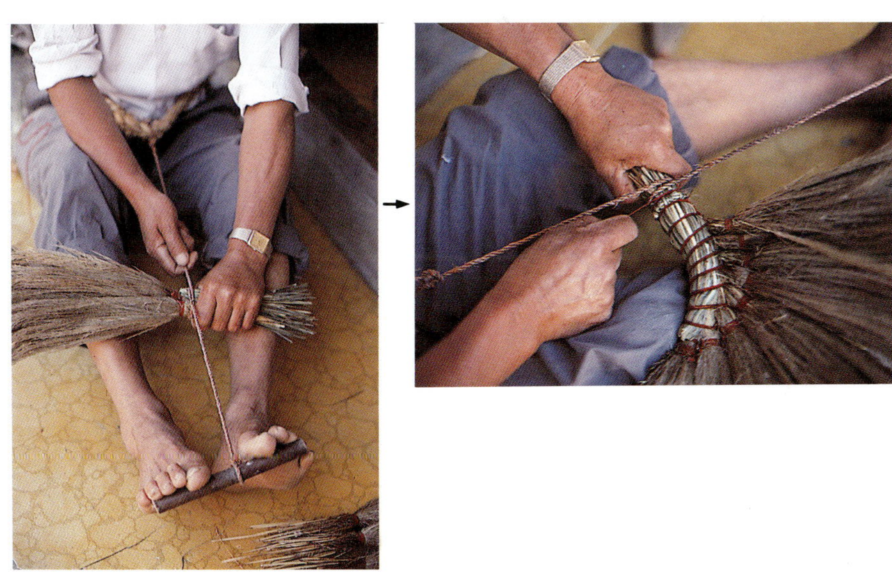

갈목으로 방비 엮는 모습 갈목을 질강폭으로 싸잡아 자루를 만들며 질긴 노끈으로 힘주어 단단히 묶어 준다.

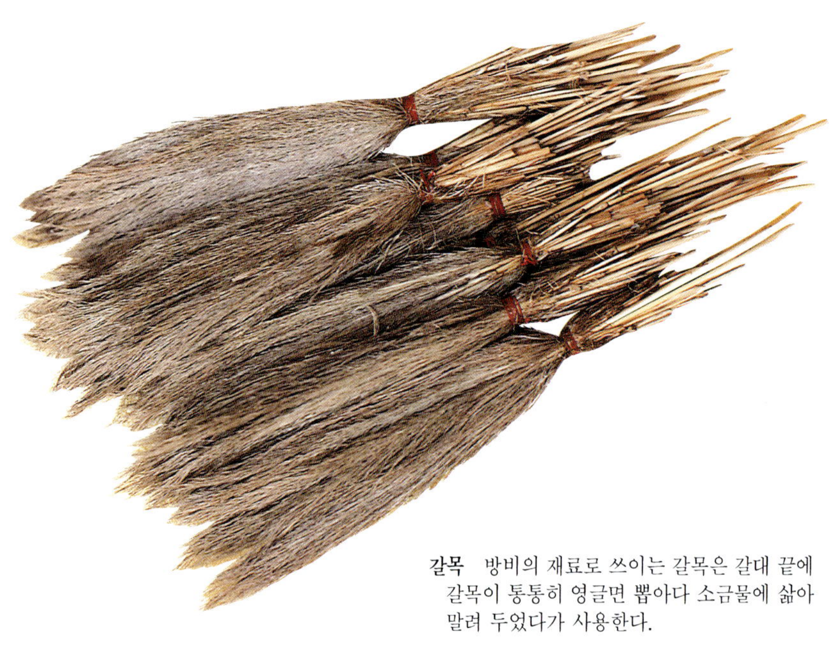

갈목 방비의 재료로 쓰이는 갈목은 갈대 끝에 갈목이 통통히 영글면 뽑아다 소금물에 삶아 말려 두었다가 사용한다.

　　갈목비 만드는 방법은 고장에 따라 또는 솜씨에 따라 조금씩 달랐다. 갈목을 엇비슷이 나란히 놓고 질강폭 따위로 자루를 해 묶기도 하고 자루를 아예 나무로 깎아 따로 박기도 했다. 비를 맬 때는 흔히 자리개라고 하는 도구를 사용했다. 볏짚으로 너비 약 3센티미터 되게 머리를 땋듯 찬찬히 땋아 길이가 허리에 돌 만큼 되면 끝에 길이 약 10센티미터 되는 나뭇가지를 묶어 달았다. 이것을 허리에 두르고 바싹바싹 조이며 묶었던 것이다. 이렇게 묶은 방비는 잘 하면 일 년 이상도 쓸 수 있었고 더러 장에 내다 팔아 가용에 보태기도 했다.

억새

　필자가 삼 년 전 경남 함양군 마천면 백무동에 갔을 때 그곳의 한 노인으로부터 들은 애기다. 백무동에서는 예부터 초가 지붕을 전부 억새로 해왔다 한다. 산골이라 논이 없는 데다 지리산에 무진장으로 자생하는 것이 억새여서 심지어 다른 지방에서까지 갖다 쓸 정도였다. 억새는 다른 재료와 달라 한번 잘 이면 10년 이상 쓸 수 있어 이 고장 사람들은 지붕에 대해서는 별로 걱정을 하지 않고 살았다. 그런데 박정희 정권이 들어서자 사정은 아주 달라졌다. 새마을 사업을 한다면서 강제로 지붕을 모조리 슬레이트나 기와로 바꾸도록 강요한 것이다. 백무동이 지금은 길도 넓어지고 곧 아스팔트도 깔릴 예정이라지만 당시만 해도 교통이 불편하여 차로

산야에 활짝 핀 억새

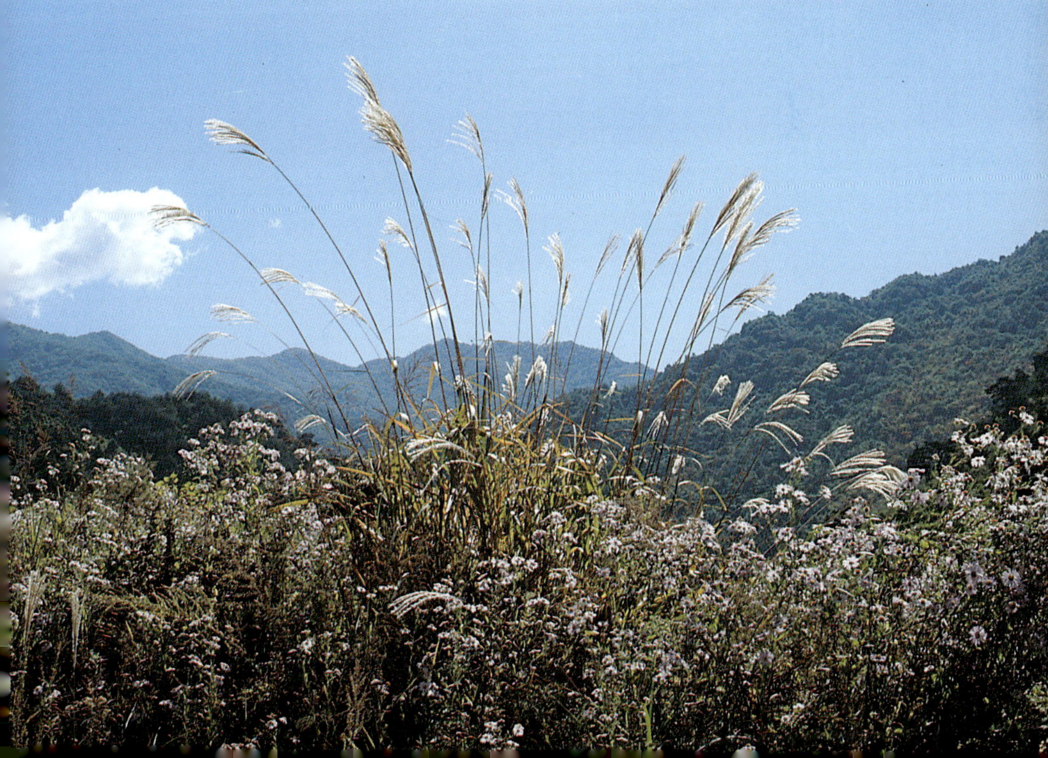

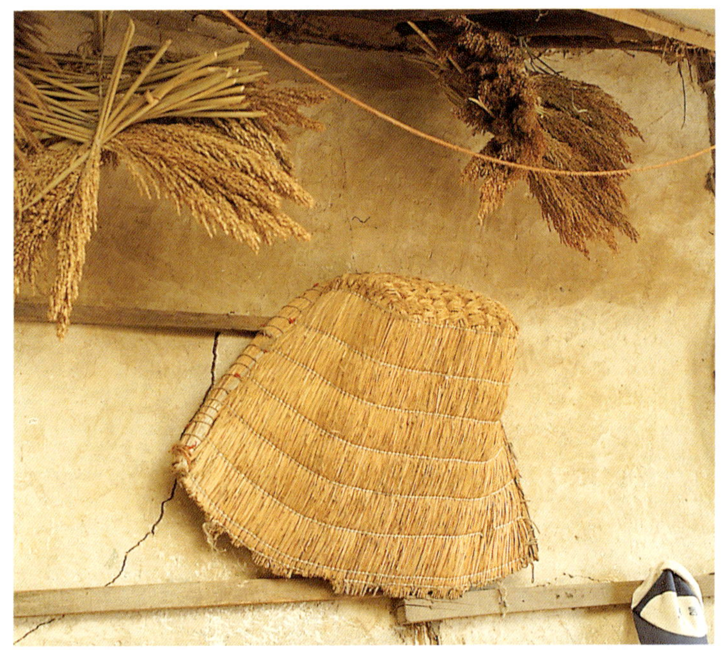

삼태기　억새로 엮은 삼태기로서 경기도 강화, 교동 지역의 독특한 형식이다.

슬레이트나 기와를 실어 온다는 것은 보통 어렵고 비경제적인 일이
아니었다. 차라리 주민들의 입장에서는 수천 년 내려 온 관습대로
억새를 가지고 지붕을 이는 편이 훨씬 편하고 수월하였다. 그러나
정부의 일방적이고도 강압적인 정책은 주민의 의사나 요구 따위는
아랑곳없이 주택 개량을 계속 강행해 나갔다. 이윽고 주택 개량
자금으로 가가호호 160만 원씩의 융자금이 배당되었다. 억새를
걷어 버리고 융자금말고도 빚을 더 얻어가며 집과 지붕을 개조하였
다. 그러나 집에서 무슨 돈이 나오는 것도 아니고 하여 농가는 차츰
빚더미에 앉게 되었다. 나날이 불어나는 이자를 다 감당할 수 없었
던 것이다. 급기야 하나 둘 집을 팔고 떠나 버리고, 결국 다섯 가구

만이 남고 모두 고향을 등져야 하는 신세가 돼 버렸다. 필자에게 이 얘기를 들려 준 노인은, 정부가 백성을 고향에서 살지도 못하게 하는 것이 어떻게 행정이고 정치일 수 있겠느냐고 분노에 찬 목소리로 말했다.

이 이야기는 우리에게 1960년대 박정희 정권의 이른바 새마을 사업이라고 하는 것이 우리 전통 문화에 있어 어떤 것이었으며, 아울러 전통이나 환경과 단절된 인간의 삶이 결국은 어떤 결과를 초래하는지를 단적으로 잘 나타내 주는 좋은 예라고 할 수 있다.

억새는 키가 1 내지 2미터 자라고 이른 가을에 자색을 띤 황색 꽃이 활짝 핀다. 이 꽃은 먼발치에서는 언뜻 흰빛으로 보여 들이나 산에 무리를 지어 피어 있을 때는 더없이 서정적이고 시적이다. 억새는 경상도 지방에서는 쏙새라 하고 전라도 지방에서는 웍살이라 하며 충청도 지방에서는 웍새, 제주도 지방에서는 어욱 또는 어웍이라 한다. 억새는 예부터 지붕재말고도 땔나무, 가축의 사료로 쓰였고 민구로는 발이라든가 풍채, 삼태기 등의 재료가 되었다.

가을이 가까워지면 억새의 줄기 맨 끝에 통통한 이삭이 패기 시작한다. 이 이삭 달린 부분을 잡아 뽑으면 빠지는데 독특한 감미가 있어 옛날에는 아이들이 잘 빼먹었다. 이 부분을 제주도에서는 특히 미삐쟁이라 하고 예부터 매우 유용하게 활용하여 왔다. 화승 또는 화심이라고 하는 특이한 것을 만들어 썼던 것이다.

화승은 일종의 라이터라고 할 수 있다. 가을이 가까워오면 지게를 지고 산이나 들에 나가 막 패기 직전의 미삐쟁이를 여러 짐 해다 볕에 잘 말렸다. 줄기를 잘라 버리고 이삭 부분만을 모아 길이 약 1미터, 굵기 약 30센티미터 되게 칡으로 친친 감아 길게 만들었다. 이렇게 엮은 화승은 제주도 사람, 특히 남자들에게는 없어서는 안 되는 필수품이었다. 밭에 일을 나갈 때나 소를 돌보러 나갈 때 이

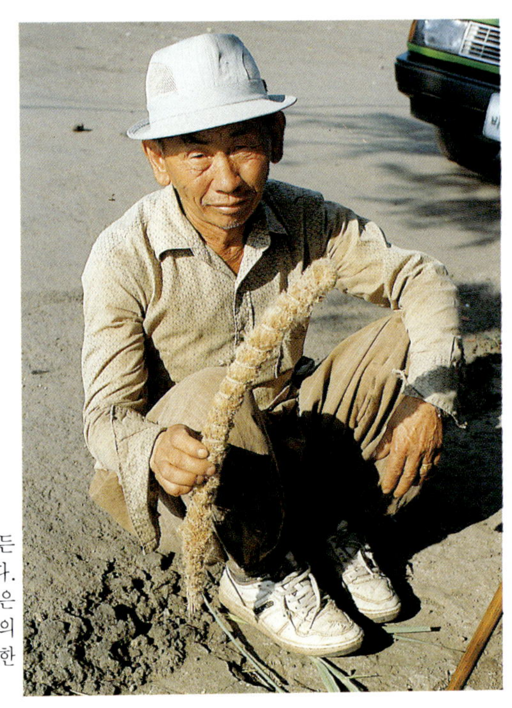

화승 억새꽃으로 만든
제주도의 화승이다.
일종의 라이터와 같은
것으로 제주도민들의
생활에는 매우 요긴한
것이었다.

화승에 불을 붙여 가지고 나가면 하루 종일 불씨가 되어 담배도
붙일 수 있고 음식도 해먹을 수 있었다. 뿐만 아니라 묘제를 지낼
때도 이 화승은 매우 요긴한 물건이었다. 제주도에는 특히 비바람이
심한 날이 많다. 묘제를 지내는 날 일기가 좋지 않으면 이 화승에
향을 꽂아 불을 살랐는데, 억새 이삭이 향을 보호해 웬만한 비바람
에도 끄떡없이 잘 탔다.

　이와 비슷한 사례는 경남 산청 지역에도 있었다. 전에 그 지방에
는 큰 숯가마가 있어서 많은 숯이 외지로 팔려 나갔다. 숯만으로는
불이 잘 붙지 않으니까 동네 사람들을 시켜 억새 이삭을 걷어 오게
하였다. 이 이삭을 잘 말려 불쏘시개를 만들어 숯 낼 때 끼워 팔았는
데 이것을 이 고장에서는 숯고지기라고 했다.

신서란

제주도의 농촌을 다니다 보면 흔히 돌담 너머로 훤칠하게 쭉쭉
뻗은 키 높은 난 종류의 식물을 볼 수 있다. 잎이 넓적하면서도 거의
사람 키에 미칠 정도로 시원하게 뻗어서 언뜻 바다에 잘 단련된
해녀의 미끈한 몸매를 연상시킨다. 이 식물이 바로 신서란이다. 한자
로는 신서란(新西蘭)이라고 쓰지만 정작 제주도 사람들은 대부분
‘신사라’라고 부른다.

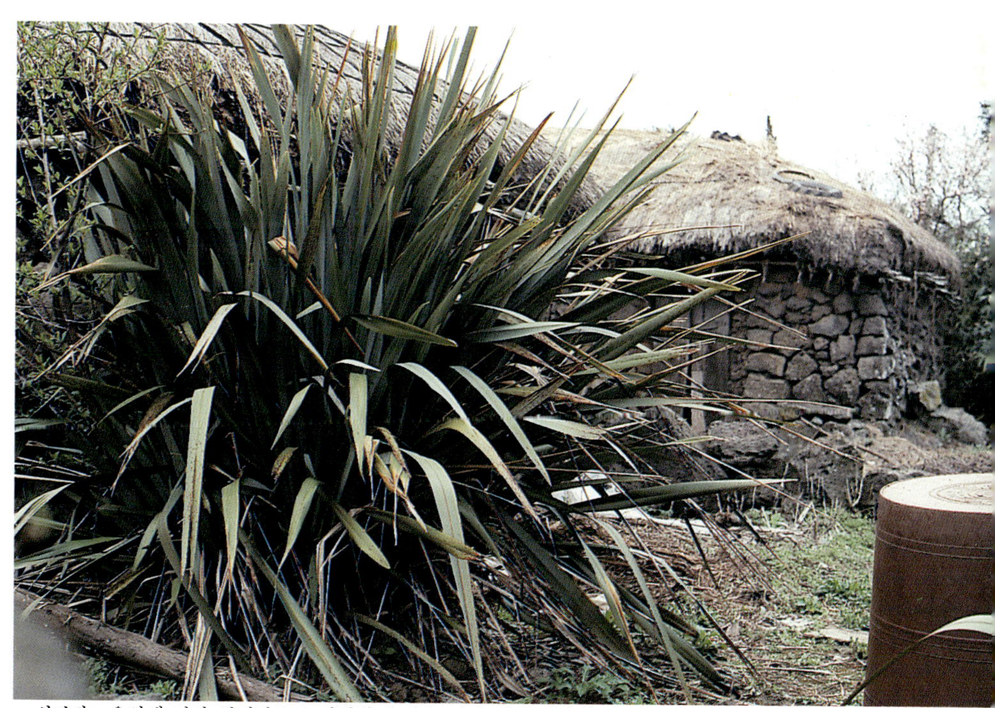

신서란 울안에 자란 신서란으로 시원하게 뻗은 것이 언뜻 바다에 잘 단련된 해녀의
미끈한 몸매를 연상시킨다.

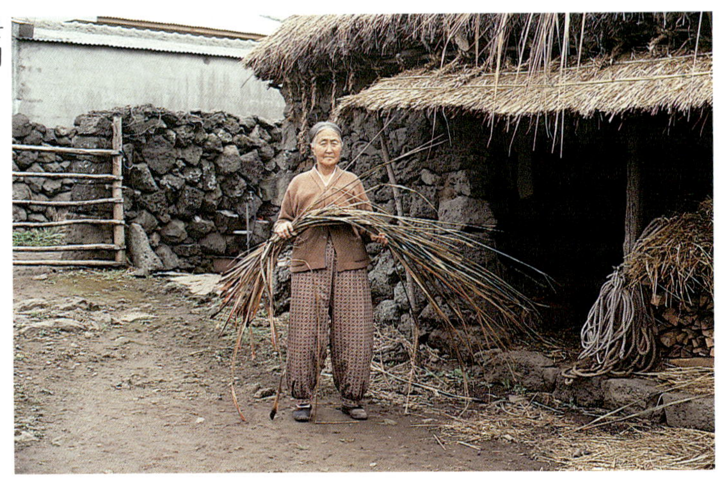

　　1975년 한국 지리 연구소에서 펴낸「대한지지(1권)」제주도편을
보면 신서란은 뉴질랜드가 원산지이고 마오란이라고도 하며, 마닐라
삼보다 약 20배의 수확을 거둘 수 있는 아열대 섬유 작물이라고
되어 있다. 또 육지부에서는 키울 수 없는 식물이며 주산지는 서귀
포를 중심으로 중문면, 남원면 등지이나 도내 어디에서든 흔히 볼
수 있는 식물이라고 써 있다. 실제로 제주도를 다니다 보면 돌담
안이나 야채 따위를 심은 텃밭 한구석에 흔히 신서란 한두 그루
서 있는 것을 보기는 그리 어렵지 않다.

　　지금은 겨우 관상용 정도로 남아 명맥을 유지하고 있지만 얼마
전까지만 해도 신서란은 제주도민의 생활에 없어서는 안 되는 중요
한 소재였다. 우선 그 많은 수요의 밧줄을 대부분 신서란이 감당했
다고 해도 과언이 아니다. 밧줄이 가장 많이 쓰인 곳은 가축의 바와
닻줄이었다. 가축의 바를 제주도에서는 육지부와 달리 석이라고
했다. 그래서 소를 매는 바는 쇠석이라 했고 말을 매는 바는 몰석이
라 했다.

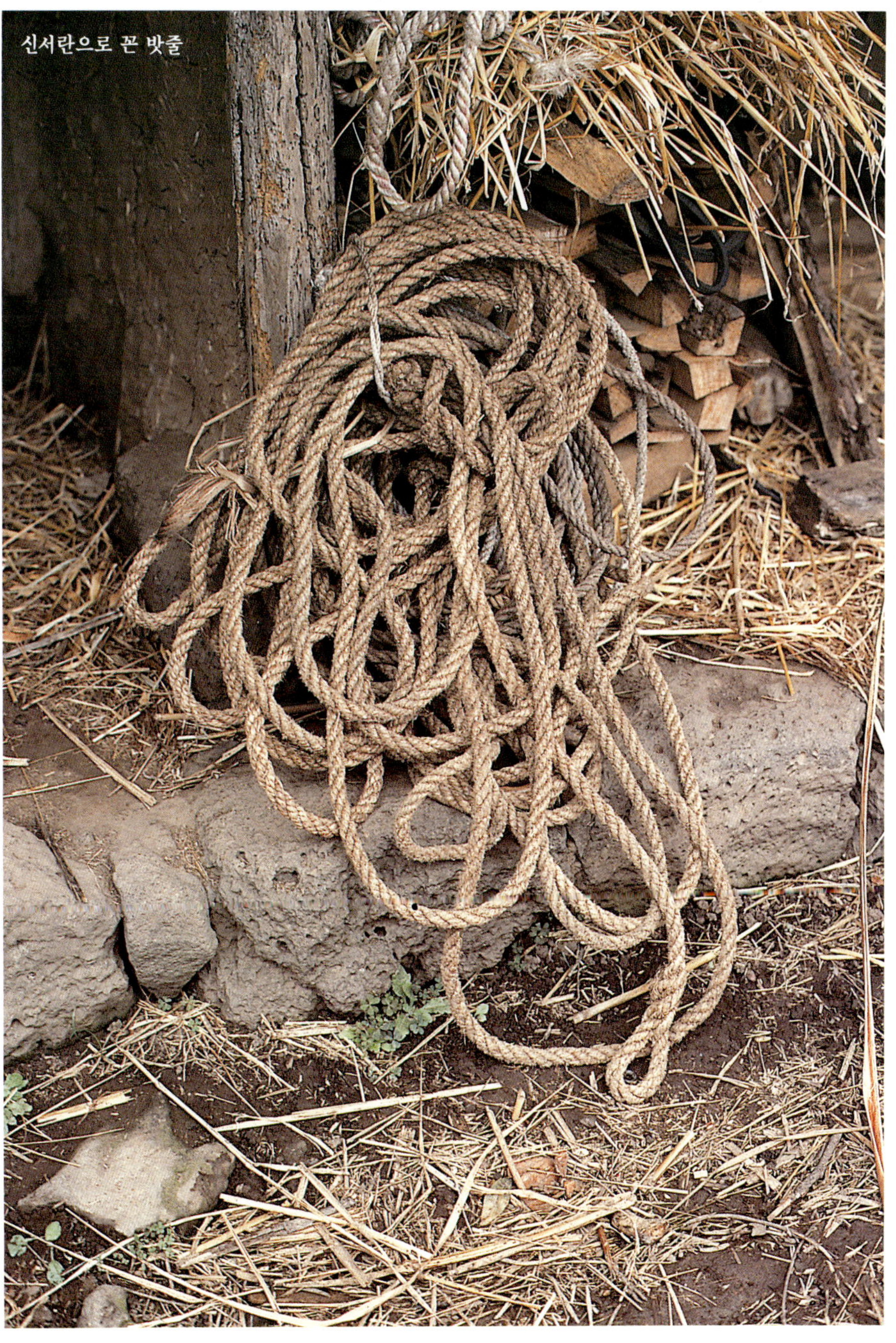

신서란으로 꼰 밧줄

신서란은 그 밖에도 여러 가지 민구를 만드는 재료로 활용되었다. 멍석과 방석을 엮었고, 둥구미, 먹서리를 엮었으며 초신 삼는 데에도 이용되었다.

신서란은 대개 두 가지 방식으로 가공하였다. 껍질째 말려 쓰는 방식과 껍질을 벗겨 섬유로 쓰는 방식이었다. 늦가을이나 겨울에 잘 뻗은 잎만을 가려 잘라서 지붕 위에 널어 말리거나 물에 오래도록 담가 껍질을 벗겼다.

지붕에 널어 놓은 신서란은 어느 정도 마르면 내려서 일일이 가늘게 쪼갰다. 그것을 그대로 볏짚처럼 질러가며 둥구미, 방석 따위를 엮었고, 호랭이로 꼬아 바를 드리기도 했다. 이렇게 만든 것은 껍질의 색이 그대로 남아 있어 거무튀튀했고 감촉도 까실까실했다.

물에 담가 놓은 신서란은 어느 정도 지나면 껍질이 불어 모두 벗겨졌다. 이 하얀 섬유를 가늘게 쪼개 그대로 바를 드리기도 했고 여러 가지 기물의 가공품으로 활용하기도 했다.

신서란에 얽힌 우리 민족사의 비극적인 사건 한 토막을 소개하고자 한다. 우리나라가 을사보호조약에 도장을 찍은 것은 1905년의 일이다. 그해 이른 봄 제주도 사람 1033명이 멕시코 유카탄 반도로 이민을 떠났다. 말이 좋아 이민이지 싼 임금의 노동 계약이어서 사실상 노예로 팔려 간 것이나 다름이 없었다.

이들은 모두 멕시코의 에네껜 농장에 소속되어 일을 했다. 다름아닌 신서란으로 밧줄을 꼬는 일이었다. 그러나 1907년이 되자 이들에게는 뜻밖의 일이 발생했다. 필리핀의 쌀쌀바마라는 섬유가 새로 등장하여 밧줄 시장의 판도를 바꿔 놓는 바람에 에네껜 농장이 문을 닫아 모두 일자리를 잃게 된 것이다.

이들 가운데 일차로 400명은 쿠바로 유랑길을 떠났다. 나머지는 파나마를 거쳐 남미로, 볼리비아 탄광 등으로 뿔뿔이 흩어졌다. 볼리비아로 간 사람들은 1932년 전쟁으로 탄광이 문을 닫게 되자 아르

헨티나 북부로 피난을 가서 그곳 원주민과 결혼하여 점차 혼혈이
되었다.
　이 이야기는 서울대 인류학 교수 전경수 씨로부터 들은 내용이
다. 한 나라의 민족과 식물에 얽힌, 한번쯤 되새겨 봄직한 비극적인
이야기가 아닐 수 없다.

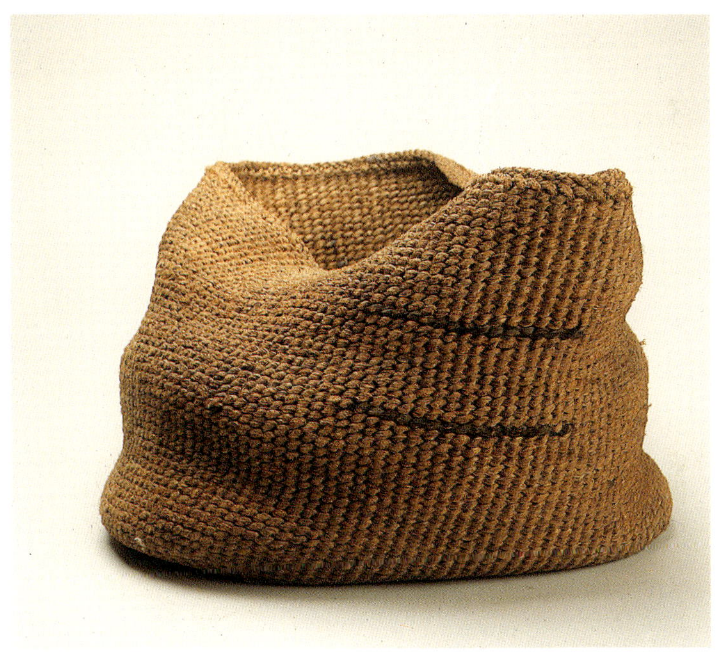

둥구미　신서란 말린 것으로 엮은 둥구미이다. 언뜻 볏짚같으나 자세히 관찰하면 색이
　약간 다르고 감촉이 까칠한 것이 다르다.

순비기

　한여름 제주도 바닷가에 가면 키 낮은 관목에 작은 보랏빛 꽃들이 피어 있는 것을 발견할 수 있다. 감청색 바다와 흰 모래를 배경으로 밝은 햇살 속에서 해풍에 한들대는 그 꽃은 흡사 빛나는 한 개 보석처럼 아름답다. 이 식물이 바로 순비기나무이다.

　순비기는 만형자(蔓荊子)라고 해서 일반에게는 한약재로 더 알려져 있다. 순비기의 과실이 만형자인데 주로 두통, 경련과 같은 증상에 치료제로 쓰였고, 요즘도 수요는 많으나 생산이 되지 않아 전량 수입에 의존하고 있다. 그런 약효 때문인지 제주도민들은 예부터

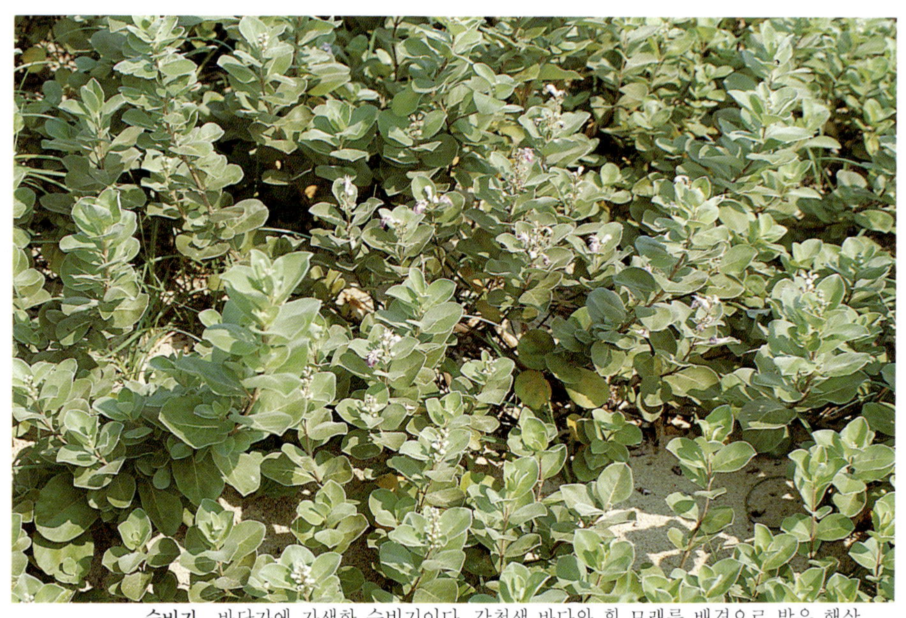

순비기　바닷가에 자생한 순비기이다. 감청색 바다와 흰 모래를 배경으로 밝은 햇살 속에서 해풍에 한들대는 순비기의 꽃은 흡사 보석처럼 아름답다.

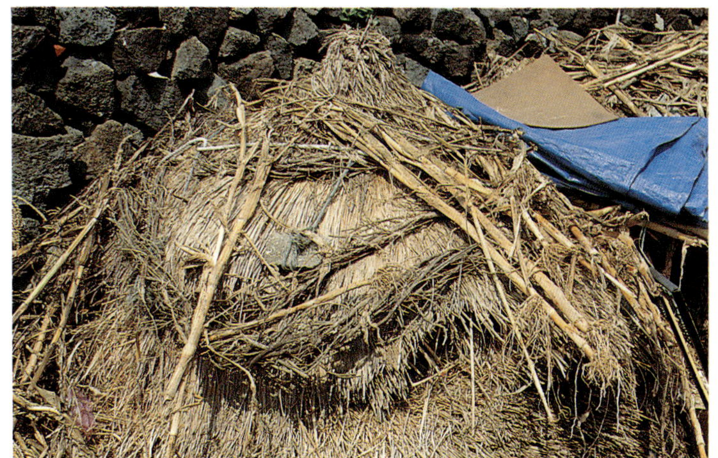

순비기덩굴 순비기덩굴을 걷어다 둘둘 감아 눌을 눌러 놓은 것으로 눌의 주저리가
바람에 날리지 않게 하기 위한 것이다.

베개 속에 순비기의 열매나 꽃을 넣어서 베는 습관이 있었다. 뿐만
아니라 여름 해수욕할 때면 순비기덩굴을 걷어 둘둘 말아 베고 잤는
데 그렇게 하면 두통이 가시고 눈이 밝아진다고 믿었다.

이 순비기로도 제주도민들은 여러 가지 민구를 만들어 쓰며 살았
다. 제주도에는 본래 짚이 귀한 데다가 생활이 워낙 바다와 가까웠
기 때문에 물에 약한 짚보다는 대나무, 칡, 주근디나무, 순비기 따위
주로 강한 재료로 민구를 만들었다. 순비기로는 삼태기를 비롯해
바구니, 키, 닭둥우리 등을 걸었고 또 긴 덩굴을 걷어다 크게 둘둘
말아 눌을 덮기도 했다.

눌이란 말하자면 제주도의 저장소와 같은 것이다. 제주도를 다니
노라면 곳곳에 따로 씌운 육지부의 짚가리 비슷한 것을 볼 수 있
다. 바닥에 돌을 놓고 그 위에 띠나 억새를 깐 다음 역시 띠로 치마
처럼 이엉을 엮어 두르고 위에 주저리를 씌워 놓았다. 멀리서 보면
언뜻 만주의 파오와 같이 생긴 이 눌은 매우 다목적으로 쓰였는데,

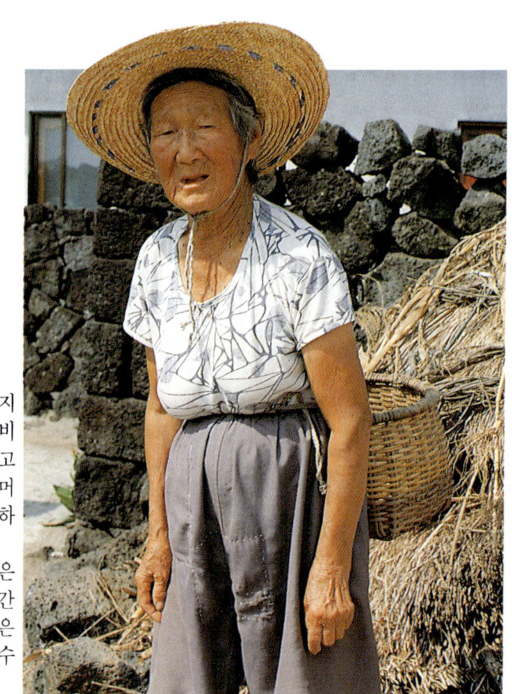

해녀 할머니 할아버지가 엮은, 바닥을 순비기로 짠 바구니를 메고 있는 제주도 해녀 할머니의 모습이 순박하다.(오른쪽)

산에 뻗은 칡덩굴 칡은 나무를 감고 올라간 것보다는 평지에 뻗은 것이 공예 재료로 우수하다.(옆면)

땔나무는 물론 가축의 사료랄지 해초, 양파 따위를 전부 이런 형태로 보관하였다.

이 눌의 주저리는 바람이 심하게 불면 곧잘 벗겨지는 경향이 있다. 이것을 막기 위해 더러 고무줄로 묶기도 하고 타이어를 얹어 놓기도 했으나 고장에 따라서는 순비기를 둘둘 말아 덮어 놓기도 했다.

민구를 만들려면 가을 순비기의 섬유가 강해질 때를 기다려 줄기를 걷어다 바닷물에 하루쯤 푹 담가 놓았다. 이렇게 하는 것은 쉬 삭지 말고 좀먹지 말라는 것이었는데, 만일 이때 바로 엮지 못하고 말려 버렸을 때는 다시 한 번 바닷물에 담가 부드럽게 한 다음 겯었다. 순비기는 관목이기는 하지만 당년 줄기가 길게 뻗기 때문에 민구를 엮는 데는 대단히 편리했다.

칡

　기록을 보면 임진왜란 때 재상 유성룡이 왜적을 물리치기 위해 임진강에 칡으로 다리를 놓았다는 일화가 있다. 또 정다산의 「목민심서」에는 한 관리의 선정이 백성을 얼마나 편안하게 하고 또 이롭게 하는가에 대한 예로 다음과 같은 이야기를 적고 있다.

　광해군 때의 일이다. 충원 현감 이경여가 어느 해 여름 고을 사람들을 시켜 산에서 칡을 많이 걷어다 쌓아 놓게 하였다. 백성들은 어디에 쓰려는지 까닭을 몰랐으나 현감의 명령이므로 묵묵히 따랐다. 이듬해 봄이 되자 과연 나라에서는 궁궐을 대대적으로 수리할 일이 있어 각 고을에 수천 다발씩의 칡을 바치도록 명령하였다. 칡값은 갑자기 삼(麻)값만큼이나 비싸지고 모든 고을이 칡 마련에 고심하였으나 충원군만은 현감의 선견 지명으로 무사히 넘겼을 뿐만 아니라 도감에 내고 남은 칡을 다른 고을에 팔아 부세에 넉넉히 충당할 수 있었다는 이야기이다.

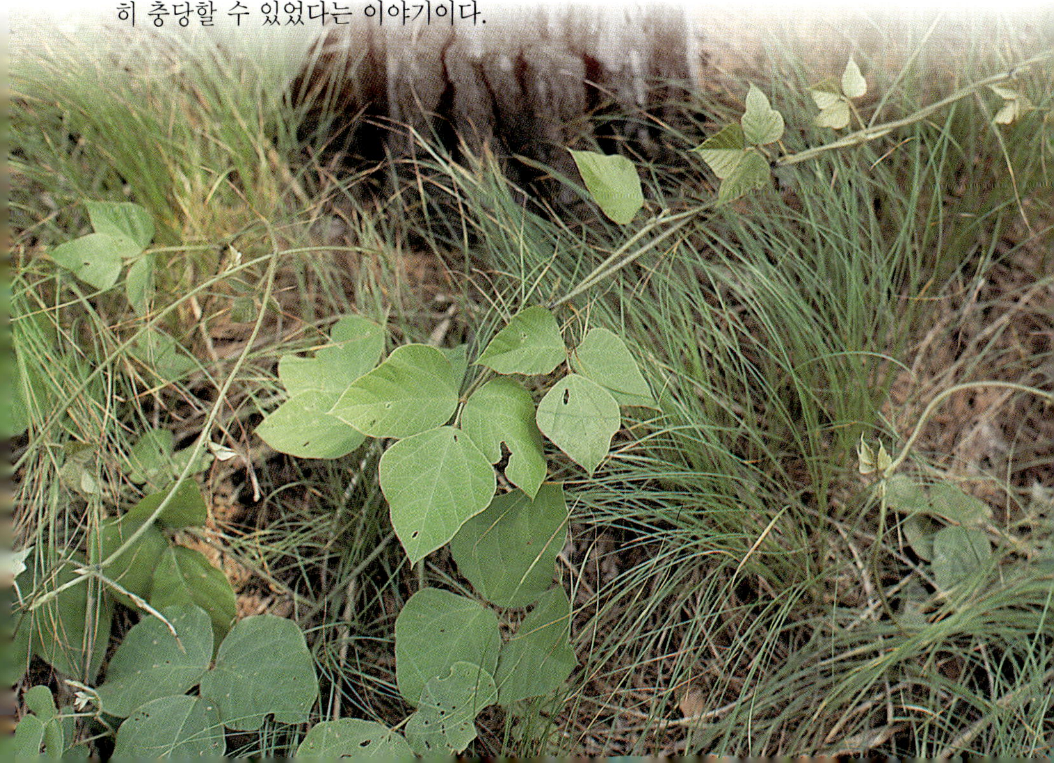

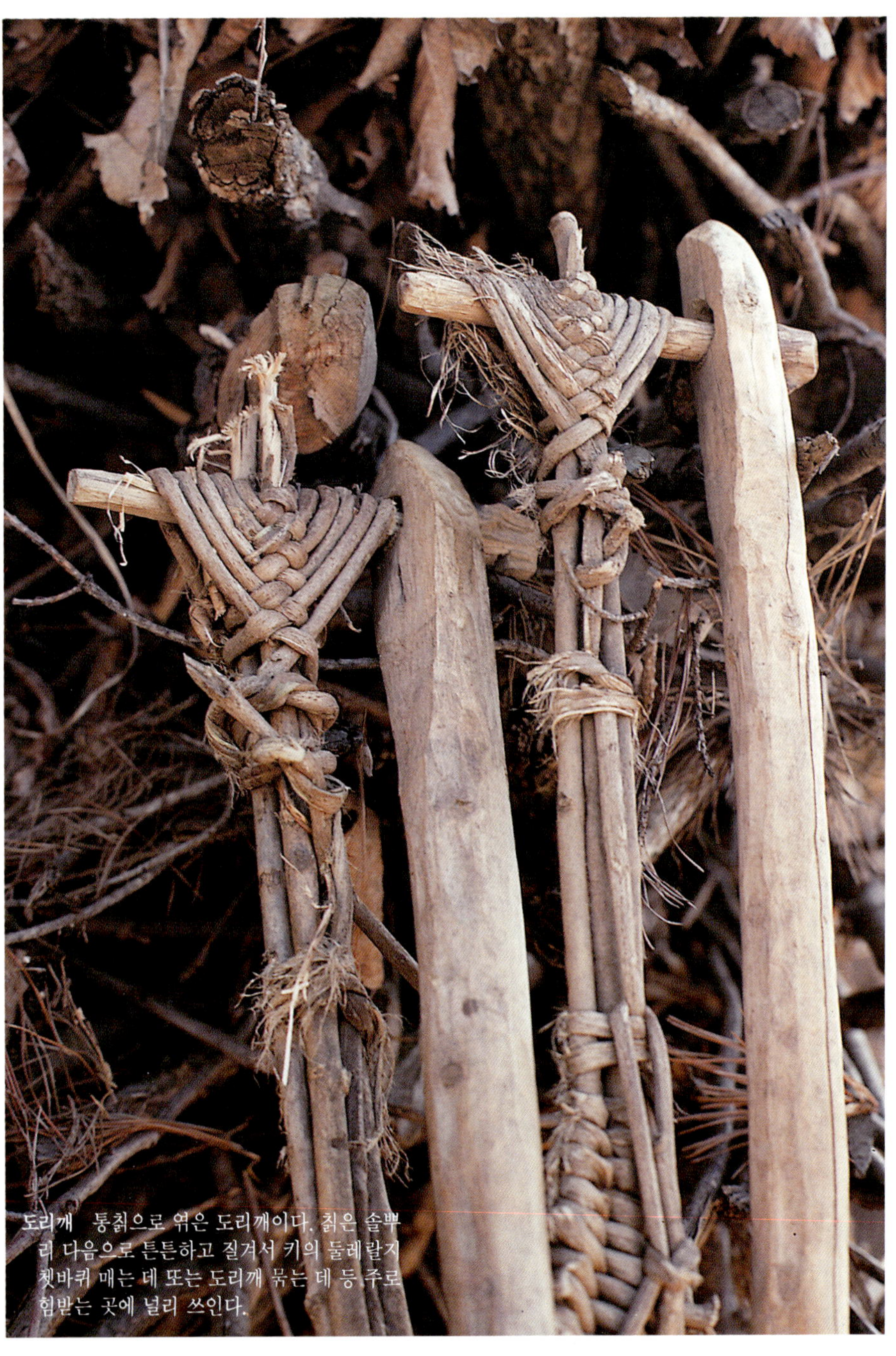

도리깨 통칡으로 엮은 도리깨이다. 칡은 솔뿌
리 다음으로 튼튼하고 질겨서 키의 둘레날지
쳇바퀴 매는 데 또는 도리깨 묶는 데 등 주로
힘받는 곳에 널리 쓰인다.

우리는 이 두 사실을 통해 칡이 우리 생활에 어떤 것이었나를 대강이나마 짐작할 수가 있다. 칡의 용도는 매우 다양하고 광범위했다. 쓰임새는 삼과 비슷했으나 보다 막 쓰였다고나 할까, 삼이 비교적 고급품에 속했다면 칡은 값싼 재료로 널리 활용되었다고 볼 수 있다.

대량으로 쓰인 것에는 앞에서 예로 든, 가령 건축의 부재라든가 다리를 놓는 데라든가 닻줄, 주낙줄(물고기를 잡는 데 쓰이는 줄), 가축의 사료, 퇴비 등을 들 수 있다. 건축의 부재로는 벽의 윗가지를 묶는 재료가 모두 칡이었고 여러 가지 용도의 밧줄이 대개 칡으로 만들어졌다. 또한 닻줄이나 주낙줄 역시 칡으로 꼰 것들이 가장 널리 쓰였는데 어린애 팔뚝만하게 꼬는 닻줄에는 적잖은 칡이 필요하였다.

소량으로는 생활에 필요한 모든 것, 의류에서부터 신발, 각종 민구류, 약재, 식품에 이르기까지 광범위하게 활용되었다. 칡은 그 자원이 무진장하다고 할 수가 있다. 워낙 번식력이 강하기 때문에 자칫하면 온산을 덮어 버리기가 일쑤이고 그 때문에 다른 식물의 성장에 장애가 되는 경우가 많다. 그래서인지 삼이나 모시, 목화 등은 사람이 재배해 왔으나 칡은 일부러 재배한 일은 없었다.

칡은 꽃에서부터 줄기, 뿌리에 이르기까지 모두 유용하게 쓰였다. 꽃은 칡꽃 또는 길화(葛化)라 해서 수독과 하혈에 다 잘 듣는 약재였고, 뿌리는 칡뿌리 또는 갈근(葛根)이라 해서 약재뿐만 아니라 식품으로도 매우 소중한 구실을 했다. 얼마 전까지만 해도 보릿고개 때는 칡뿌리로 연명하는 사람이 많았고 칡뿌리를 갈아 만든 녹말은 구황 식물 가운데에서도 가장 우수한 것으로 취급되었다.

칡의 줄기는 대체로 두 가지 방식으로 쓰였다. 껍질째 말려 쓰는 것과 삶거나 물에 삭혀서 섬유를 내 쓰는 것이다. 농가를 다니다 보면 헛간 한구석이나 기둥 귀퉁이에 칡다발 한둘 걸려 있는 것쯤 어렵지 않게 발견할 수가 있다. 통째 말린 통칡도 있고 반으로 쪼개 말린 것도 있다. 이것들은 다 막 쓰는 삼태기나 바구니 따위를 엮기 위해서이고 더러 힘을 써야 할 곳, 가령 무엇을 단단히 잡아매야 한다든가 얽어매야 할 때 쓰기 위해 마련해 놓은 것들이다. 칡은 솔뿌리 다음으로 든든하고 질겨서 키의 둘레랄지 쳇바퀴 매는 데 또는 도리깨 묶는 데 등 주로 힘받는 곳에 널리 쓰였다.

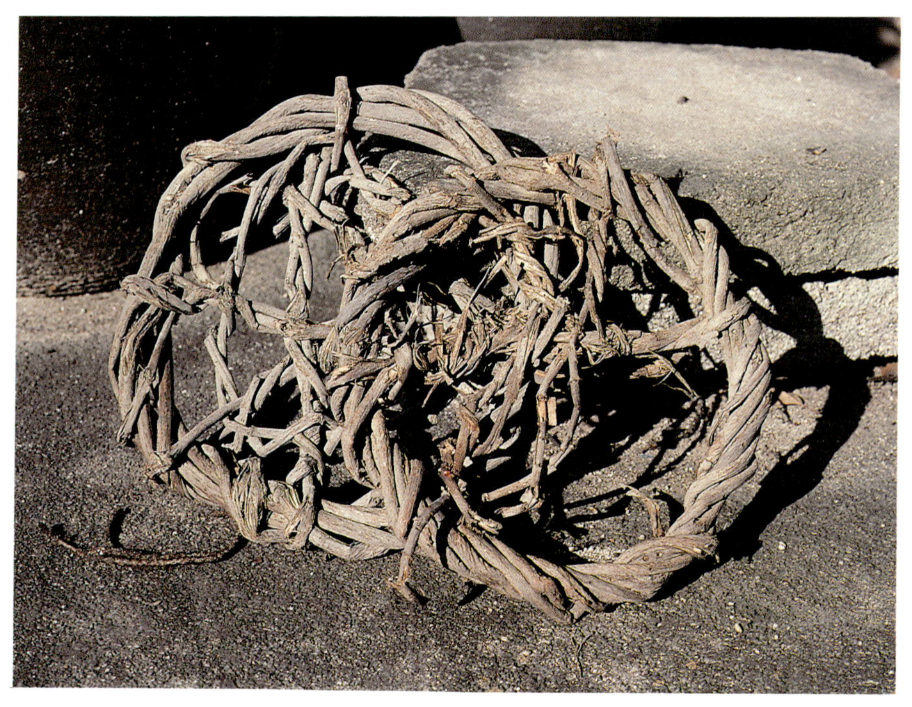

둘둘 말은 통칡　통칡을 둘둘 말아 간단하게 만든 이것은 부뚜막에 놓고 솥이나 냄비를 올려 놓기 위한 것이다. 아름답지는 않으나 칡 활용의 일면을 엿보게 하는 재미있는 물건이다.

칡을 채취하는 데는 중복 무렵이 가장 적기였다. 그보다 더 이르면 길이가 짧아 쓸모가 없고 늦으면 너무 여물어 쓸모가 적었다. 칡에서 섬유를 내려면 물에 오래 담가 놓는 방법과 삶는 방법 두 가지가 있었다. 물에 오래 담가 놓는 방법은 잘못하면 변질되어 색이 검어질 우려가 있기 때문에 주로 삶는 방법을 택했다.

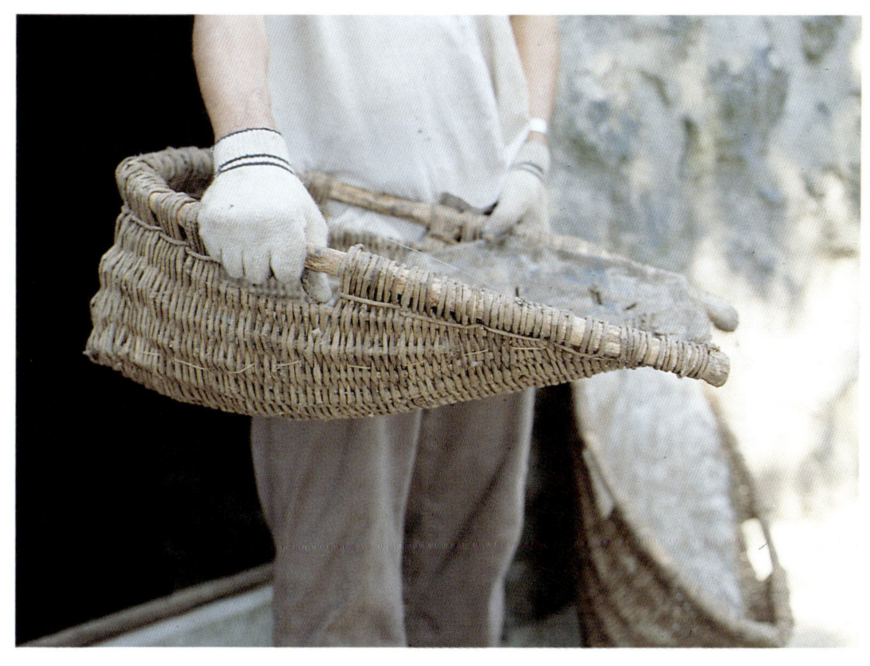

삼태기 통칡으로 엮은 삼태기로서 질기고 튼튼하여 재삼태기 따위 막삼태기로 쓰기에 알맞다.

삼이고 싸리고 칡이고 무엇이든 섬유를 내려면 물에 넣어 장시간 삶거나 뜨거운 김에 쪘는데, 그 까닭은 식물 줄기 속에 있는 형성층을 파괴하여 껍질을 벗겨 내기 쉽게 하기 위해서였다. 식물의 줄기를 잘라 횡단면을 보면 가운데 단단한 목질 섬유(木質纖維)가 있고, 그것을 둘러싼 인피 섬유(靱皮纖維)가 있다. 그 인피 섬유 밖은

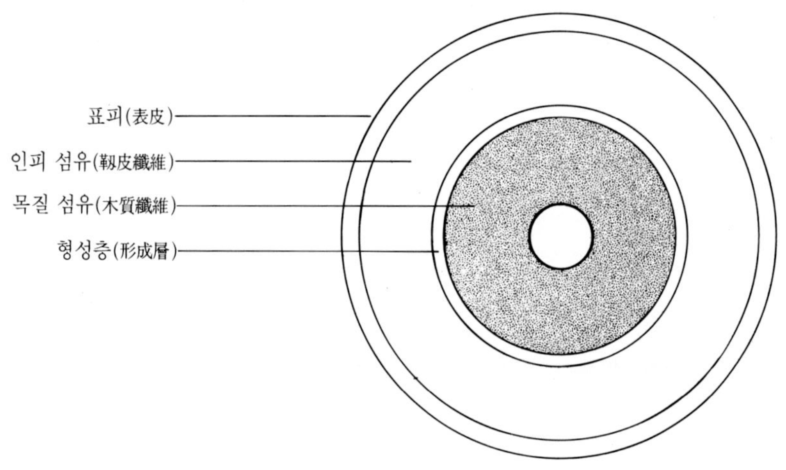

섬유 구조

또 표피가 싸고 있고 목질 섬유와 인피 섬유 사이에는 얇은 형성층이 자리잡고 있다. 식물의 속대에서 껍질을 벗겨 내려면 이 형성층을 파괴해야 하는데 그것은 삶거나 찌는 방법이 가장 좋았다.

칡의 경우 산에서 해오면 마디마디를 끊어 솥에 넣고 서너 시간 삶거나 삼굿(솥이나 구덩이에 삼을 넣고 찌는 것)하듯 뜨거운 김에 푹 쪘다. 다 쪄지면 꺼내 풀더미 속에 이틀 동안 파묻거나 보리쌀 씻은 물에 이삼 일 담가 놓았다. 그러면 인피 섬유와 목질 섬유가 분리되어 껍질이 모두 벗겨지는데, 그것을 다시 맑은 물에 여러 번 헹구어 표피가 모두 벗겨지면 하얀 섬유만이 남았다. 이 섬유를 일일이 가늘게 쪼개 베틀에 걸어 옷감을 짜거나 꼬아서 노 또는 밧줄을 만들었다.

칡의 섬유로 짠 옷감을 갈포라고 했다. 언뜻 요즘의 갈포 벽지를 연상하기 쉬우나 옛날의 갈포는 모시나 삼베처럼 올이 가늘고 고운 것이었다. 고급 갈포를 짤 때는 칡을 삶거나 찌지 않고 생으로 물에 불려 껍질을 벗기기도 했다. 이렇게 하여 짠 갈포는 눈처럼 희고 반짝반짝 윤이 나 옷감 가운데에서 최상품으로 쳤고 값도 비쌌다.

칡의 섬유를 옛사람들은 청올치라고 했다. 이 청올치로는 갈포를 짰을 뿐만 아니라 가늘게 비벼 꼬아 여러 가지 민구를 만드는 재료로 활용하였다. 우선 전에는 돗자리를 대개 이 청올치로 날을 잡아 쳤다. 요즈음은 전부 나일론실을 쓰지만 얼마 전까지만 해도 돗자리는 으레 이 청올치에 고드랫돌을 매어 쳤다.

짚신 또한 이 청올치로 삼았는데 쉽게 구할 수 있는 재료인 데다 질긴 맛이 있어 두멧사람들이 특히 많이 신었다. 신바닥과 총을 모두 칡으로 삼는 경우도 있었고 신바닥은 짚으로 하고 신총만 청올치로 하는 경우도 있었다. 이런 신은 다른 신과 구별하여 특히 칡신이라고 부르기도 했다.

부들

부들은 갯가에 나는 다년초이다. 조수가 드나드는 곳이나 개울가 또는 연못가에 주로 자란다. 개울가나 연못가에는 으레 둑을 쌓게 마련이고 그래서 부들이 무성히 자란 둑을 따로 부들 방죽이라고 했다.

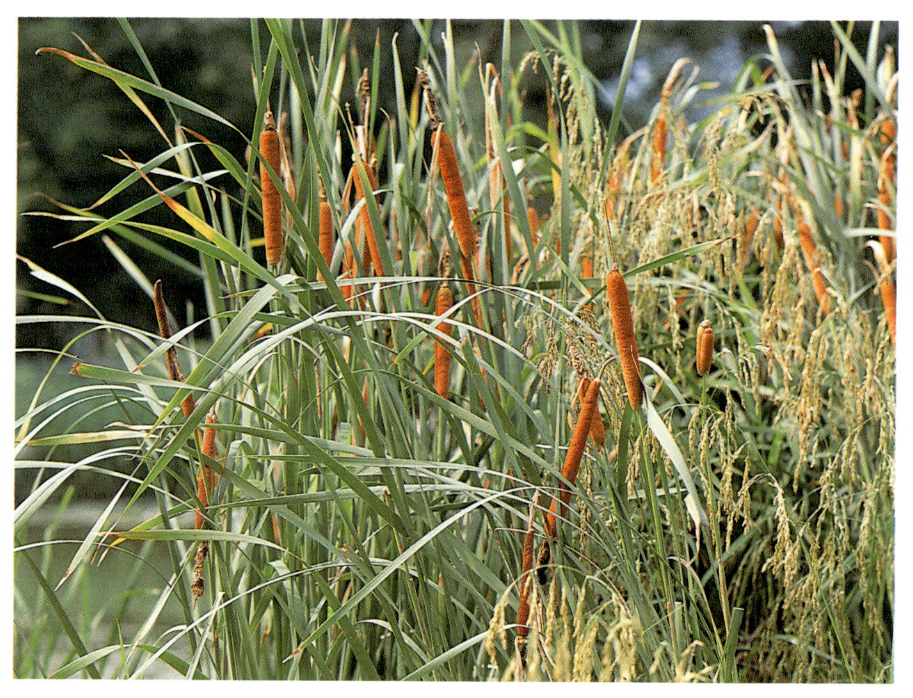

부들   높고 곧게 자라는 잎은 돗자리, 도롱이, 부채 등의 중요한 재료가 되었다.

부들은 한자로는 향포(香蒲)라고 하며 수정될 때 부들부들 떠는 성질이 있어 부들이라고 하게 되었다는 이야기가 있다. 부들은 거의 전국에 분포되어 있는데 강화 지역에서는 부득이라 하고 옹진군 백령도에서는 잘포라 하고 있다.

부들은 환경만 맞으면 구태여 심고 가꾸지 않아도 잘 자라는 식물이다. 게다가 뿌리에서부터 쭉쭉 뻗은 잎은 폭이 1센티미터 가량인데다 높이가 거의 2미터나 되어 무엇을 만들고 엮기에는 아주 안성맞춤이다.

비닐 장판이 나오기 전까지 방에 까는 돗자리로는 산간에 사는 사람들이 갈자리를 써 온 반면 갯가 사람들은 주로 이 부들과 왕골로 결은 자리를 깔았다. 지금은 돗자리라고 하면 흔히 장판이나 마루 위에 까는 것으로만 알고 있지만 전에는 생활의 필요 불가결의 필수품이었고 무늬를 놓은 화문석보다는 대체로 단순하고 편리한 백문석을 많이 썼다. 그래서 왕골이나 부들로 돗자리를 만들 때도 오로지 그것만으로 하지 않고 뒤에 짚을 대어 겹으로 하여 앉거나 누웠을 때 푸근하고 따뜻하도록 배려하였다. 이렇게 부들로 만든 돗자리를 부들자리 또는 부들기직, 늘자리라고 했다.

서민들이 이처럼 왕골이나 부들을 겉으로 하고 안에 짚자리를 대 쓴 것과는 대조적으로 양반들은 그보다 한 단계 높여 결이 고운 골풀에 화려한 무늬를 놓은 수석(繡席)에 부들로 만든 초석(草席)을 안에 대어 겹자리를 만들어 썼다. 이런 돗자리를 등메라 했는데 공정이 까다로울 뿐만 아니라 값이 비싸 서민들은 감히 엄두도 내지 못했다.

부들은 또 그 밖에 뜸깃과 방석의 중요한 재료가 되기도 했다. 뜸이란 거적처럼 날을 성글게 잡아 엮어 비올 때 물건을 덮거나 햇빛을 가리거나 무엇을 널어 말릴 때 깔개로 쓴 것이다. 볏짚, 밀짚 등으로 주로 엮었으나 고장에 따라서는 띠나 부들로도 엮었다.

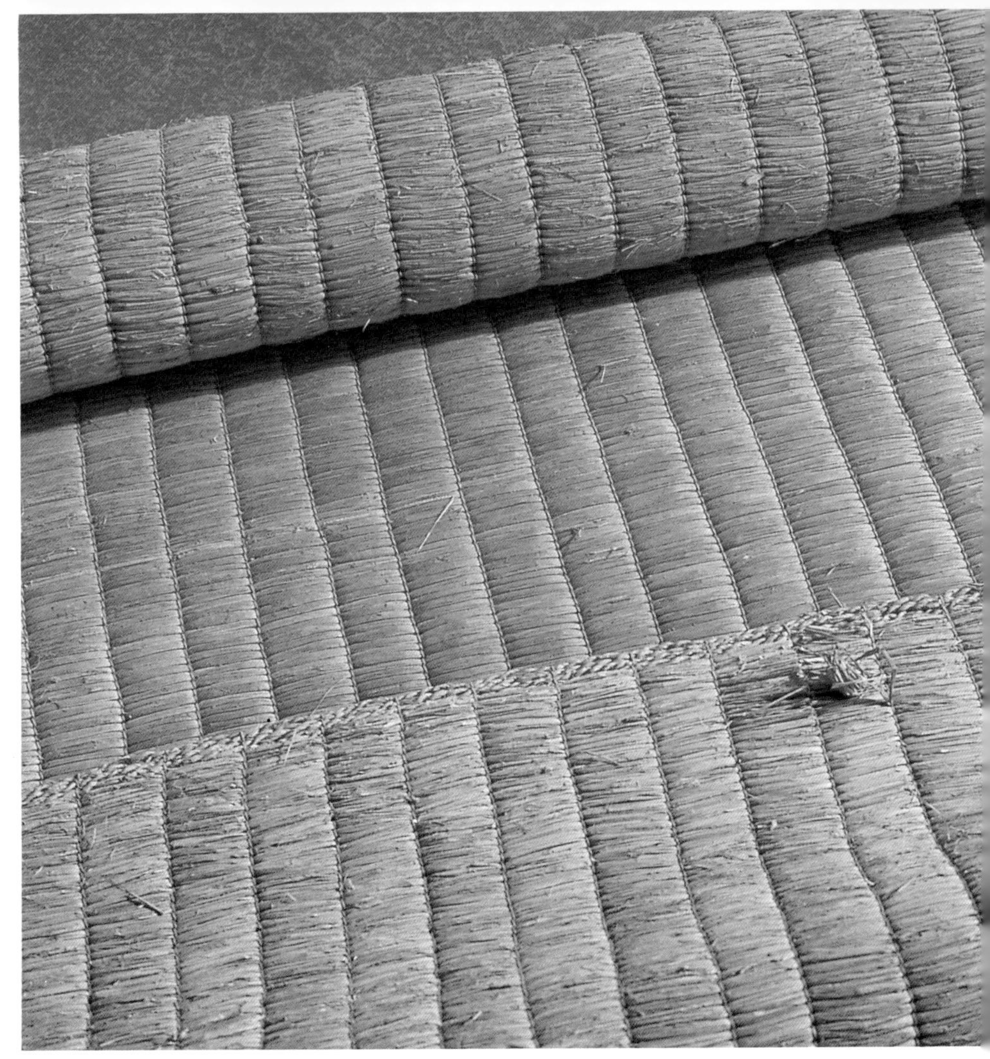

돗자리 부들자리, 부들기직 또는 늘자리라고 하는 부들로 친 돗자리이다. 안에 짚을
대 겹으로 친 이 자리는 탄력이 있고 견고하여 서민들의 깔개로 널리 활용되었다.(위)
부들 도롱이 부들 도롱이를 둘러쓴 강화의 한 부인. 여기에 삿갓을 쓰고 앞을 여미면
웬만한 비는 거뜬히 피할 수 있었다.(옆면)

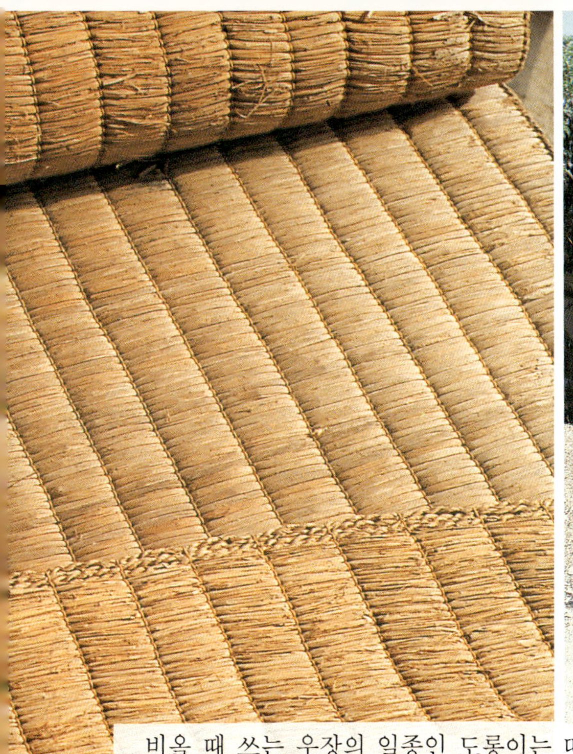

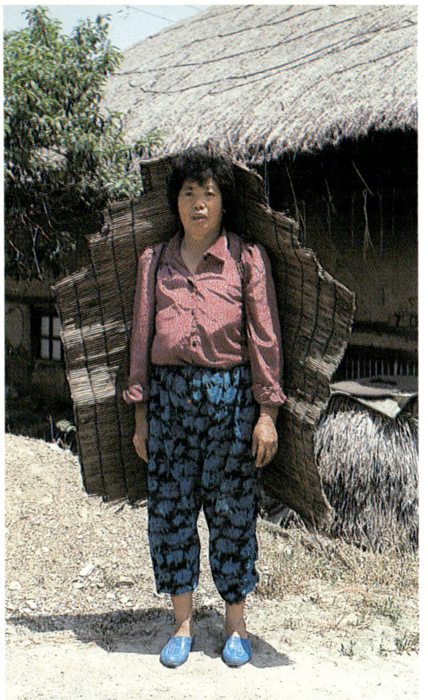

　비올 때 쓰는 우장의 일종인 도롱이는 띠나 짚으로도 엮었지만 부들을 재료로 하여서도 많이 엮었다. 부들이 본래 물가에 자라는 식물이라 물에 강해서인지 잎이 넓적해 엮기에 편해서인지 모르지만 아무튼 전국적으로 꽤 많이 쓰인 것으로 나타나 있다. 음력 7월경, 대개 중복 무렵에 해다 말렸는데 그때를 지나면 가운데에서 대공이 올라와 꽃이 피고 그렇게 되면 잎이 억세져 공예 재료로는 쓸모가 떨어졌다. 잘라 온 부들은 썩지 않게 잘 말려 보관해 두었다가 농사가 끝나고 한가해지면 꺼내 물에 축여 여러 가지 민구를 만들었다. 부들은 질기기도 하려니와 독특하게 탄력을 지니고 있어 특히 방석이나 돗자리 같은 깔개의 재료로 활용되었다.

　그 밖에 부들을 재료로 한 것에는 짚신과 부채, 삿갓 등을 들 수 있다. 부들로 삼은 짚신은 부들 짚신이라 했고 부들을 가늘게 쪼개

비벼 꼬아 신총을 박아 삼은 신은 따로 부들 총백이라고 구분하여 불렀다. 신총은 신바닥과 재료가 같을 때는 신바닥을 삼으면서 차례로 빼놓지만 다를 때는 따로 박아 삼았다. 이것을 딴총백이라 했는데, 신총을 왕골로 박았으면 왕골 총백이라 했고 부들로 박았으면 부들 총백이라 했다.

부채는 주로 댓가지와 한지가 재료의 주종을 이루었지만 더러는 밀짚, 왕골, 부들, 옥피, 피죽 따위 식물을 활용하여 만들기도 했다. 이런 재료로는 주로 팔덕선(八德扇)을 만들었는데 자루는 있으나 살이 없는 이 팔덕선은 인간에게 여덟 가지 덕을 끼친다 해서 붙여진 이름이다. 그래서 부들로 만든 부채는 부들 팔덕선이라 했고 왕골로 만든 부채는 왕골 팔덕선, 옥피 팔덕선, 피죽 팔덕선이라 했다.

팔덕선의 여덟 가지 덕목을 차례로 들어보면 다음과 같다. 첫째 바람을 일으키고, 둘째 파리와 모기를 쫓고, 셋째 덮개로 쓰고, 넷째 햇빛을 가릴 수 있고, 다섯째 불을 피울 때 바람을 내고, 여섯째 깔개로 쓰고, 일곱째 방을 쓸 때 쓰레받기가 되고, 여덟째 물건을 머리에 일 때 똬리 대용으로 쓴다는 것이다. 부들 부채와 이 팔덕의 덕목을 관련시켜 보면 퍽 재미있는 연상을 할 수가 있다.

늘삿갓이란 부들로 겯은 삿갓을 갈삿갓과 구별해 부르는 이름이다. 그러나 현재 늘삿갓의 현물을 보기는 거의 불가능하다. 기록 여기저기에 조금씩 비칠 뿐 어떻게 결었는지 어떤 모양인지 전혀 확인할 길이 없다. 다만 늘삿갓도 삿갓이니까 갈삿갓과 용도가 비슷하여 농부들의 농립이었을 것이고 따라서 부들 도롱이에 부들 삿갓을 쓴 옛 농부님네의 모습을 상상하기는 과히 어려운 일이 아니다. 모양도 대충 어림잡아 갈삿갓과 같지 않았을까 싶은데 필자의 조사가 미흡해서 그런지 아직 그 확인에는 미치치 못하고 있음이 못내 안타까울 뿐이다.

댕댕이덩굴

댕댕이덩굴에는 한자 이름이 꽤 많다. 용린(龍鱗), 상춘등(常春藤), 토고등(土鼓藤), 목방기(木防己) 등이 그것이다. 그런가 하면 우리말 이름도 지방에 따라 조금씩 다르다. 보통 댕댕이라 하고 경남 지방에서는 장데미 또는 장드레미라 하며 제주도에서는 정당 또는 정등, 정동 등 다양하게 불린다.

댕댕이는 산간에 나는 덩굴 식물이다. 나무고 풀줄기고 가릴 것 없이 아무 것이나 붙잡고 감아 올라간다. 양력 8, 9월경 다 자란 댕댕이덩굴은 짧아야 두어 발이고 길면 세 발도 넘는 기장이다. 대개 처서가 지나 채취해 오는 것이 가장 바람직하다. 그보다 이르면 덜 여물어 쓸모가 없고 늦으면 너무 굳어 다루기가 좋지 않다.

댕댕이덩굴 걷어다 말리는 댕댕이덩굴로서 약간 누런 것은 하루 전날 해온 것이다.

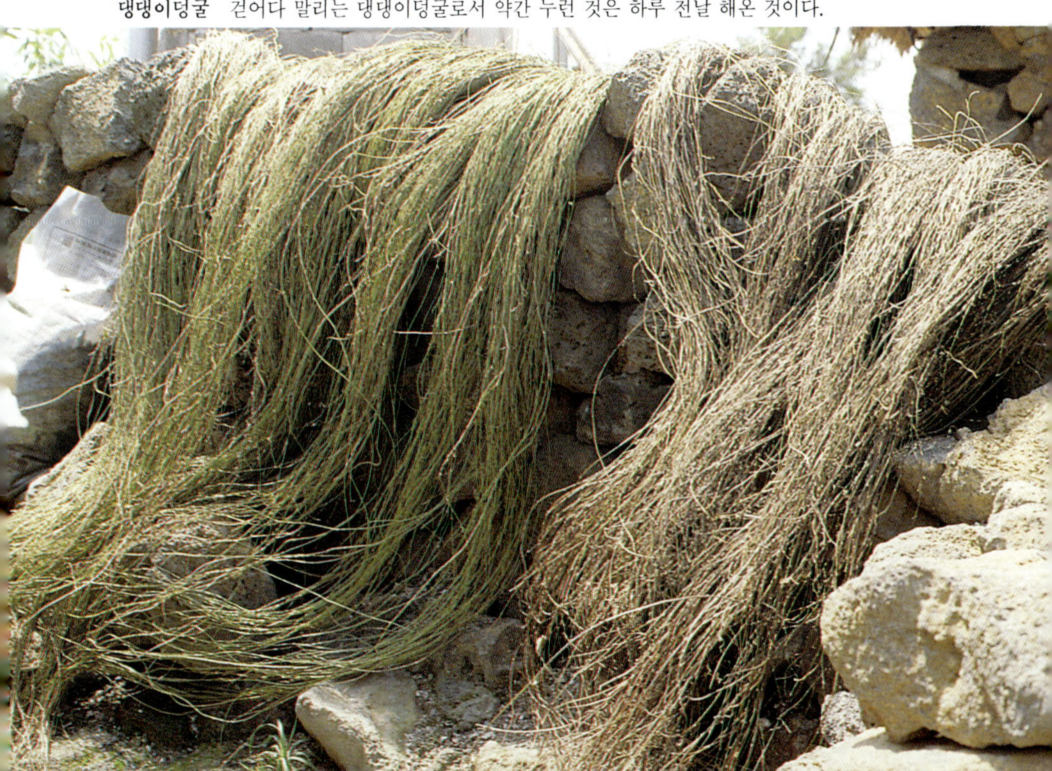

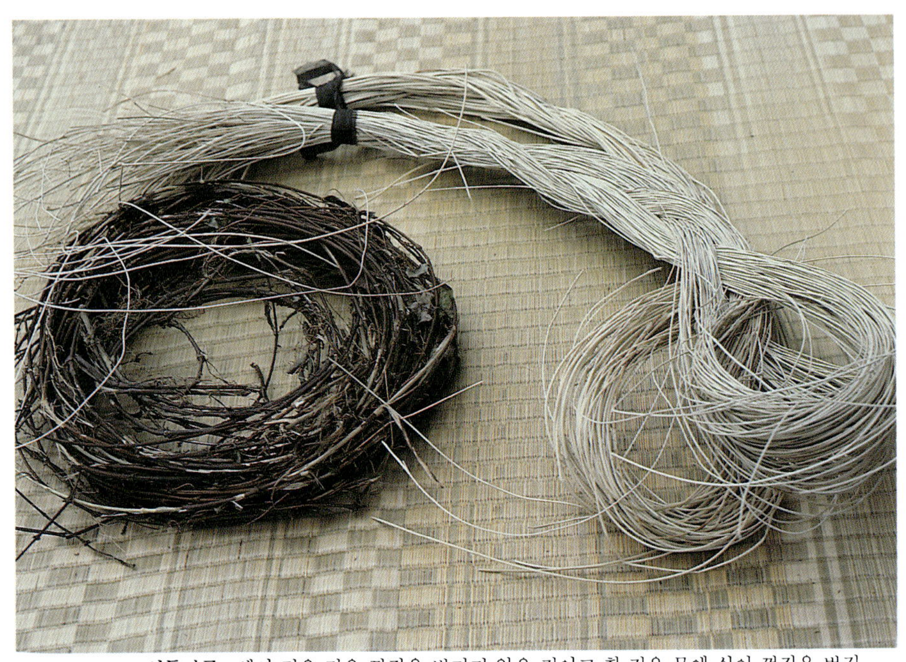

인동덩굴 색이 검은 것은 껍질을 벗기지 않은 것이고 흰 것은 물에 삶아 껍질을 벗긴 것이다. 댕댕이와 달리 인동은 반드시 껍질을 벗겨 썼는데 그 희고 깨끗한 땟갈로 해서 인기가 높았다.

댕댕이덩굴은 굵기가 아주 가늘다. 처음 걷어 왔을 때는 푸른 색이지만 시간이 갈수록 차츰 누래지다가 나중에는 짙은 갈색으로 바뀐다. 걷어 온 댕댕이덩굴은 비에 젖지 않게 주의하면서 잘 말려 두고 쓴다. 칡이나 싸리처럼 껍질을 벗기지 않고 그대로 쓰기 때문에 더러 여름철에는 곰팡이가 피는 것이 흠이라면 흠이랄 수 있다.

적기에 걷어 온 댕댕이덩굴은 나긋나긋 말을 잘 들어 무엇을 엮기에도 적합하다. 주로 산간 마을에서 바구니를 많이 엮어 썼고 제주도에서는 특히 독특한 댕댕이덩굴 공예가 발달하여 왔다. 경남 거창 지방에서는 지금도 댕댕이 바구니를 많이 엮고 있다. 플라스틱 공산품에 밀려 거의 판로가 막막하지만 그래도 이 고장 여인들은 아직도 한 개에 3, 4천 원을 바라고 바구니를 엮고 있다. 재료는 댕댕이만이 아니라 인동덩굴도 같이 쓰고 있다. 인동덩굴은 삶아 껍질을 벗겨야 하므로 손이 많이 가고 번거로운 단점이 있으나 대신 색깔이 희고 고와 그 수고를 괴로워하지 않는다. 가을걷이가 다 끝나고 눈이 펄펄 내리는 겨울철이 되면 여인들은 한방 모여 앉아 솜씨를 다투며 개수 늘리기에 열을 올린다. 만들어만 놓으면 어쨌든 옛생각이 나서 한둘 사가는 사람들을 상대하는 장사꾼이 찾아와 몰아 떼가기 때문이다.

육지부의 솜씨가 아무리 탁월하다 해도 제주도의 댕댕이 문화를 앞지르기는 어려울 것이다. 제주도에 댕댕이 문화가 특히 발달한 이유는 어쩌면 지리적 특성 때문일는지도 모른다. 본래 추운 기후를 싫어하는 성질인 데다가 제주도 중산간에 마냥 자생하는 풍부함, 게다가 육지부처럼 다른 재료가 넉넉하지 않은 조건이 댕댕이 문화를 발달시킨 요인으로 짐작된다.

그 대표적인 것이 예부터 써 온 정당벌립이라고 하는 모자이다. 정당벌립은 일종의 농립이었다. 농사를 지을 때, 고기잡이할 때, 목자가 마소떼를 방목할 때 쓰던 모자였다. 지금 남아 있는 정당벌립을 보면 두 가지 점에서 놀라움을 금할 수 없게 된다. 하나는 그 섬세하고 아름다움에 또 하나는 아끼고 또 아껴 쓴 흔적에.

정당벌립을 보면 그것이 한갓 댕댕이라고 하는 풀로 결었다고는 상상할 수 없을 만큼 섬세하고 곱다. 굵은 양복지의 결보다 더 거칠지 않은 표면은 누가 일러 주기 전에는 댕댕이라고는 도저히 생각하기가 어렵다. 가늘디 가는 올을 마치 천을 짜듯 결어 아름다운 모자를 만들었다. 이렇게 만든 모자는 무척 소중하고 귀했던 듯 지금껏 남은 것들을 보면 대개 안쪽 테두리, 이마가 닿아 곧잘 땀에 젖는

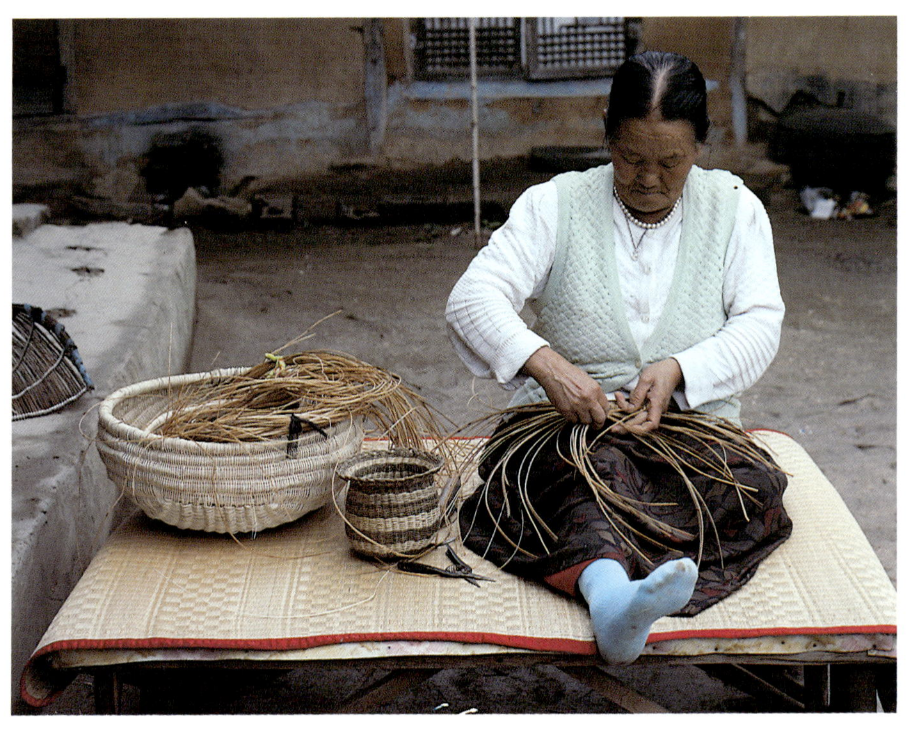

바구니 엮는 모습 인동덩굴로 바구니를 엮는 경남 거창 지방의 한 할머니이다. 이
할머니는 손녀가 시집갈 때 준다고 크고 작은 바구니를 잔뜩 엮어 놓고 있었다.

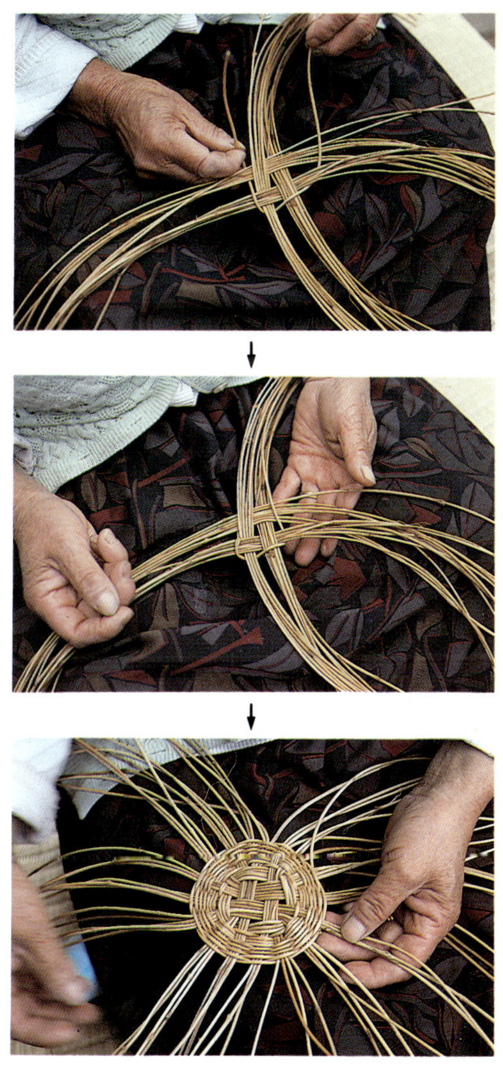

인동덩굴로 바구니를 엮는 과정 시작과 바닥의 엮음새를 보여 주고 있다.

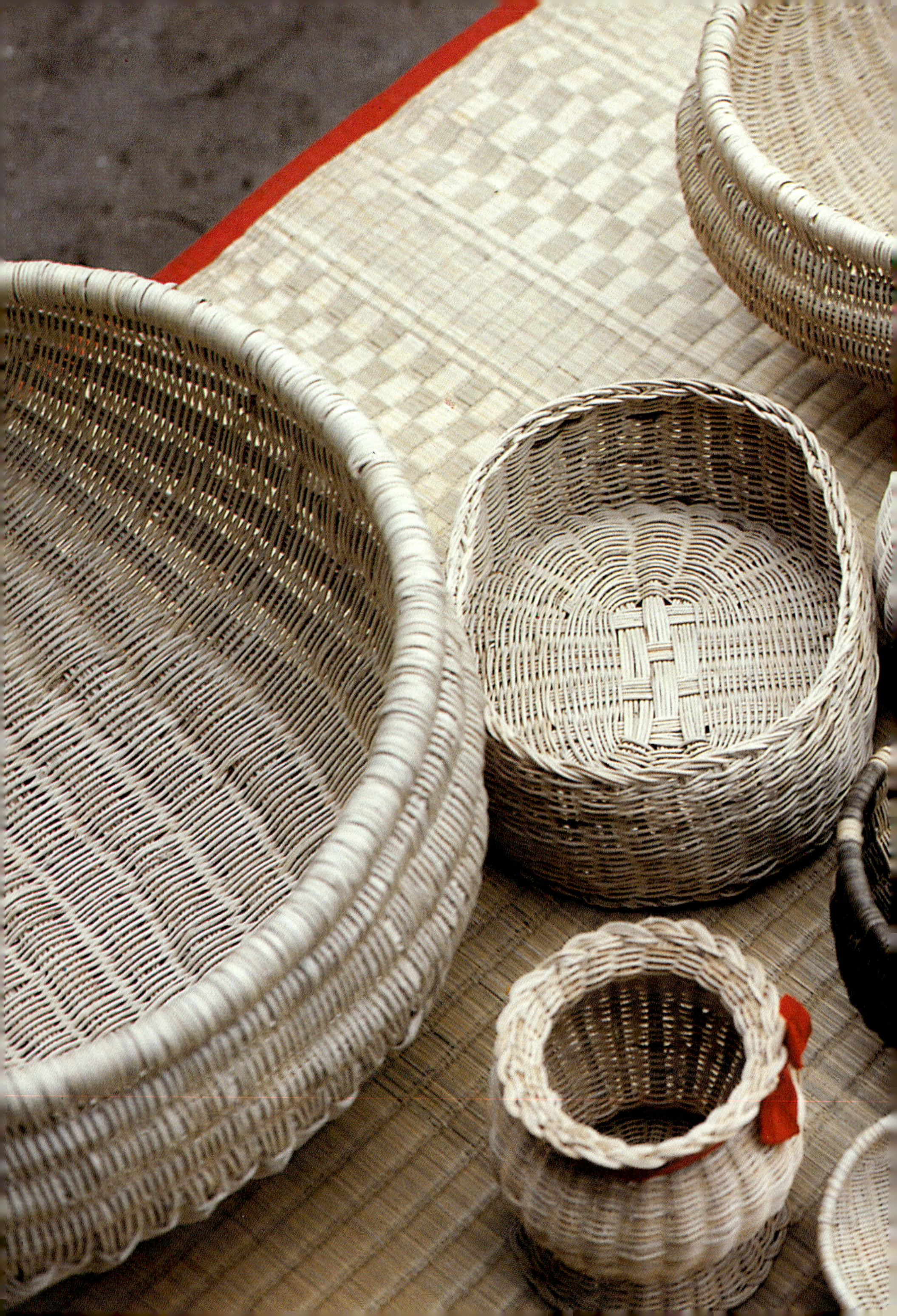

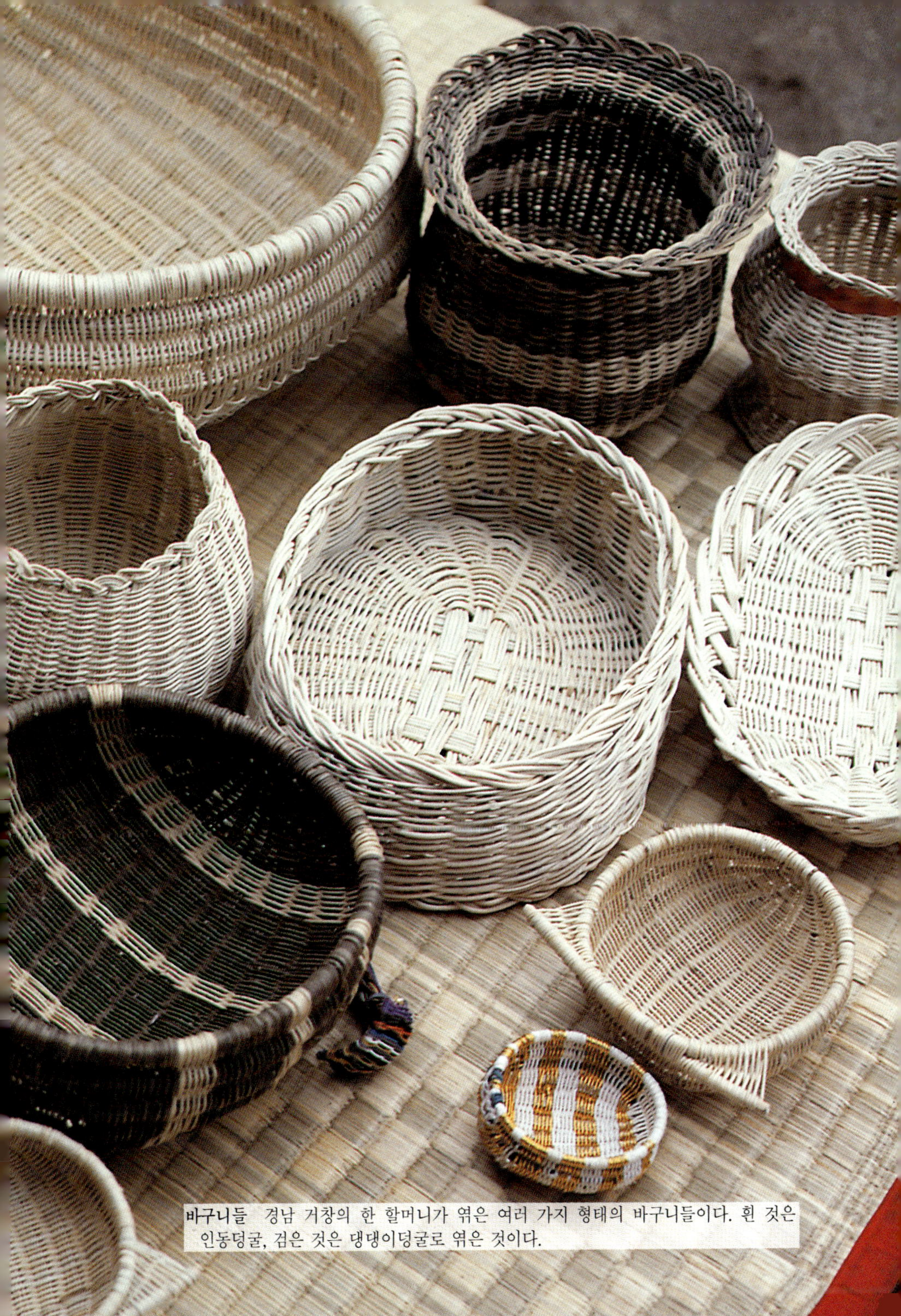

바구니들 경남 거창의 한 할머니가 엮은 여러 가지 형태의 바구니들이다. 흰 것은
인동덩굴, 검은 것은 댕댕이덩굴로 엮은 것이다.

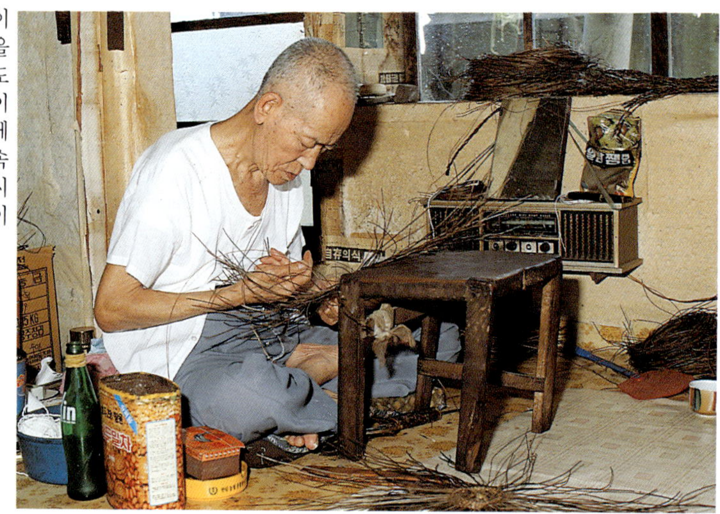

부분은 두터운 천이나 가죽 같은 것으로 돌려 댄 것을 볼 수 있다.

이 정당벌립을 오늘에 재현시켜 제주도의 훌륭한 민속 공예품으로 발전시킨 한 노인이 계시다. 북제주군 한림읍 귀덕 1리에 사는 홍만년 노인이다. 제주도에 여행가면 토산품 상점 같은 곳에 댕댕이로 엮은 모자가 쌓여 있는 것을 흔히 볼 수 있다. 챙이 넓은 등산모 비슷한 모양새의 이 모자는 무엇보다 풀로 엮었다는 특성 때문에 서늘하고 실용적이다. 제주도에 여행간 사람이나 제주도민 자신들도 현재 이 모자를 다투어 애용하고 있다.

홍 노인이 이 신식 정당벌립을 만들기 시작한 것은 약 40년 전이라고 한다. 원래 대대로 정당벌립을 만들어 온 가문인 데다 어려서 좀 배운 솜씨도 있고 하여 처음에는 옛날식 그대로 재현했으나 품이 많이 드는 데다 챙이 넓어 거추장스러운 단점이 있어 서양식 파나마 모자의 장점을 약간 도입, 현재의 모양을 창안하게 된 것이다.

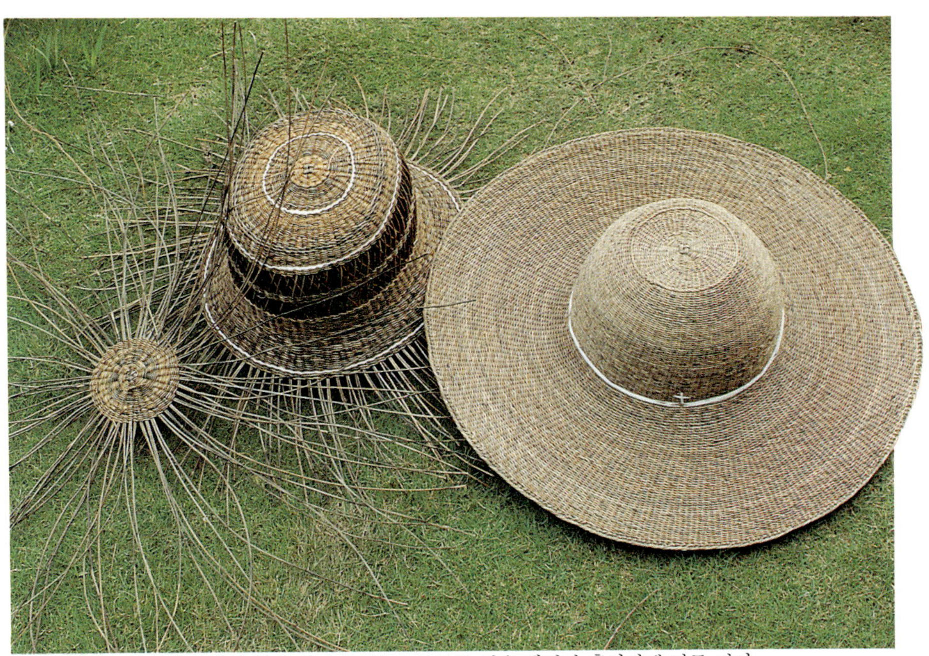

정당벌립　홍만년 노인이 엮은 정당벌립으로 오른쪽 것은 옛것과 흡사하게 만든 것이고 왼쪽 것들은 신식 정당벌립의 일부이다.

　　여기서 우리는 전통의 재현이라는 문제에 대해 잠시 생각해 볼 필요성을 느낀다. 전통의 재현이란 과연 무엇인가. 간단히 전통적으로 사용하여 온 형태나 재료를 오늘에 되살리는 작업이라고 말할 수 있을 것이다. 그러나 그런 경우 대개 거기에는 엄청난 괴리 현상이 생기게 마련이다. 시대는 자꾸 바뀌는데, 그래서 그런 물건들은 이미 필요없이 되었는데 그것을 재현한다는 것이 과연 얼마만큼의 뜻을 갖는가. 단순한 복고 취향을 위해 필요하단 말인가, 아니면 감상적 민족 우월 주의를 조장하기 위해 필요하단 말인가.

　　관광지의 토산품 상점에 가면 우리는 흔히 전통 유물을 재현해

놓은 것을 보게 된다. 조잡한 색채와 형태, 이미 우리다운 아름다움
은 다 상실한 물건들이 어처구니없이 축소 또는 왜곡되어 천박한
상업성만을 드러낸 체 헤벌쭉 웃고 있기가 일쑤이다. 가령 짚문화만
해도 전에 농기구의 일부로서 그토록 당당한 몫을 하던 종다래끼나
삼태기가 어이없이 작은 형태로 바뀌어 마른 꽃꽂이용이나 장식품
으로 불과 몇 푼 돈에 그 품위를 잃고 있는 것을 어렵지 않게 보게
된다.

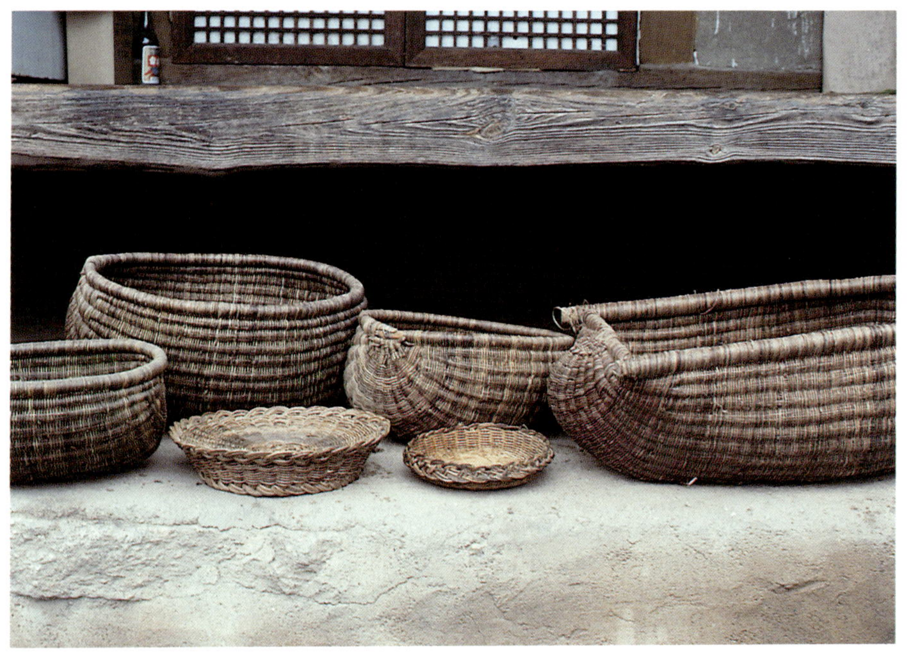

바구니들　댕댕이덩굴로 엮은 바구니들로 엮은 솜씨가 매우 탁월함을 엿볼 수 있다.

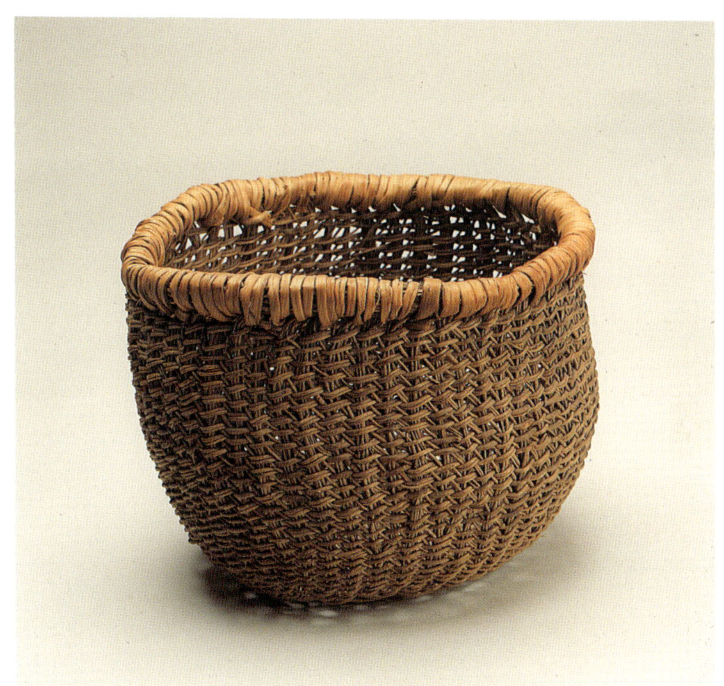

댕댕이덩굴 바구니 엮음새가 특이하고 특히 에음을 소나무 뿌리로 돌려 감은 것이
만든 사람의 각별한 정성을 느끼게 한다.

그런 의미에서 제주노의 홍만년 노인의 창의는 대단히 돋보이는
작업이라고 하지 않을 수 없다. 홍 노인은 전통을 전통으로서 현대
에 맞게 창조적으로 되살려 낸 것이다. 현재 이 신식 정당벌립은
관광객들에게 뿐만 아니라 현지 주민들에게도 작업모로 대단한
애호를 받고 있다. 따라서 농가의 소득원으로도 무시 못할 수준이어
서 본래 알뜰하고 부지런한 제주도민의 생활에 많은 도움이 되고
있다.

제주도민들은 그 밖에 키와 삼태기도 댕댕이로 엮어 쓰고 있다.

노끈과 밧줄의 재료들

기계로 무진장 생산해 내는 산업 체제가 자리잡기 전까지 노끈이나 밧줄은 전부 자연재를 이용한 수공업에 의해 만들어졌다. 인간살이에 가늘고 굵은 또는 길고 짧은 노끈들이 오죽이나 많이 필요했겠는가. 간단한 노끈들은 대개 길쌈하기 위해 자아낸 무명실이나 삼, 모시 따위를 비벼 꼬아 썼다. 그러나 대량으로 필요한 것들, 가령 어망이나 주낙줄 따위는 특별한 생산 방법과 관리 방법을 연구하여 사용해 왔다.

어망과 주낙줄은 거의 무명으로 꼬아 썼다. 무명이 다른 어느

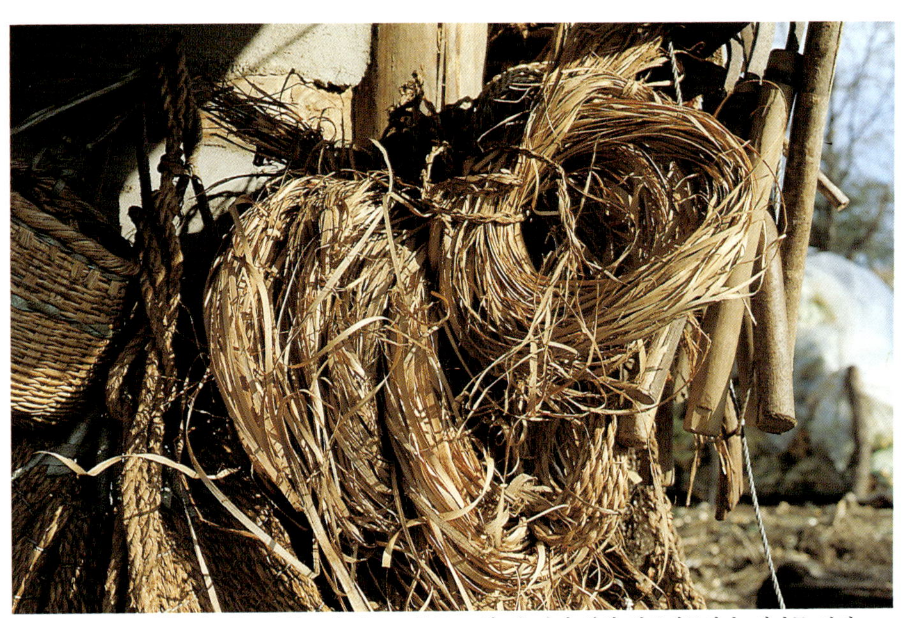

식물 재료들　강원도 홍천군 조동규 노인 댁 광에 쌓인 식물재들이다. 피나무 껍질, 비사리, 일년피 껍질 따위가 수북이 쌓여 있다.

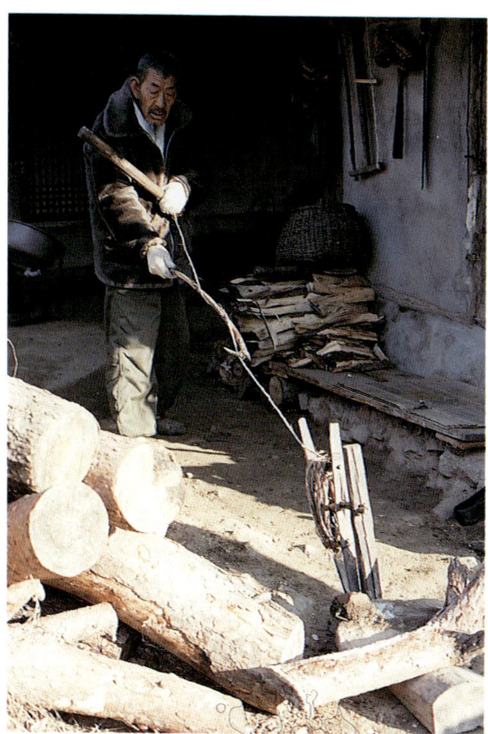

밧줄을 꼬는 모습 밧대와 홀치기로 밧줄을 꼬는 조동규 노인의 모습이다. 조 노인은 아직도 집에서 쓰는 밧줄은 스스로 만들어 쓴다고 했다. (왼쪽)

바를 드리는 모습 자새를 돌려 바를 드리는 조동규 노인으로 재료는 피나무 껍질이다.(아래)

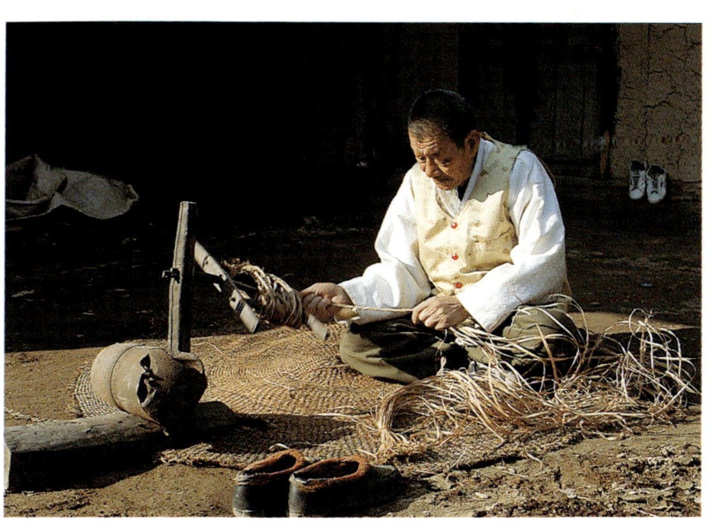

재료보다 물에 강하고 썩지 않기 때문이었다. 주낙줄은 수십 길 바닷속에 낚시를 매달아 드리워 고기를 잡는 기구이다. 길이도 길거니와 모아 놓으면 양도 적지 않았다. 아무리 물에 강한 성질을 가졌다고는 하나 항상 물에 젖어 있으므로 영원히 썩지 않을 수는 없었다. 그래서 여러 가지 방법이 창안되었는데 고장에 따라 조금씩 다르나 독특하고 흥미로워 우리 조상들의 지혜를 엿볼 수 있다.

주낙줄이나 어망을 다 만들면 먼저 돼지피나 개피 또는 소피를 흠뻑 먹여 다 스며들었다고 생각되면 큰 시루에 안치고 몇 시간이고 불을 때 푹 쪘다. 이 일은 해마다 하였고 제주도 같은 곳에서는 거기에 다시 땡감물을 들여 더욱 질기게 하기도 했다. 그런가 하면 고장에 따라서는 떡갈나무 물을 들여 쓰기도 했다. 음력 4월경 떡갈나무 껍질을 벗겨다 솥에 넣고 푹 삶았다. 붉은 물이 우러나면 주낙줄이나 어망을 넣고 다시 장시간 끓여 충분히 스며들게 하였다. 이런 방법을 특별히 갈물들인다고 했는데, 이렇게 손질한 주낙과 어망은 색이 까맣고 윤기가 흘러 웬만해서는 썩거나 상하는 일이 없었다.

노끈에 비해 밧줄의 용도는 더욱 광범위하고 다양했다. 지금처럼 동력이 없는 세상에서 밧줄은 온갖 곳에 없어서는 안 되는 중요한 물건이었다. 소 매는 바, 농기구의 바, 두레박줄, 고팻줄(도르래나 고리 등에 걸쳐 오르내리는 줄), 짐을 묶는 동바, 지게꼬리, 뭇줄(삼으로 드린 굵은 바), 결관(結棺)바, 선박의 밧줄 등 무수한 곳에서 밧줄은 사용되었다.

나일론이 나오기 전까지 밧줄의 생산은 전적으로 가내 수공업에 의존하였다. 그래서 한때 무시할 수 없는 상품이기도 했고 심지어 공물로 바치던 뭇줄은 뭇줄계라는 것을 조직하여 생산하기도 했다. 밧줄의 재료는 완벽한 식물재에 의존하였다. 골풀, 모시풀, 개아마, 거북꼬리, 일년피, 칡 등 풀 종류에서부터 고양싸리, 꽃싸리, 노박덩굴, 늦싸리 등 관목류, 닥나무, 달피나무, 박쥐나무, 피나무,

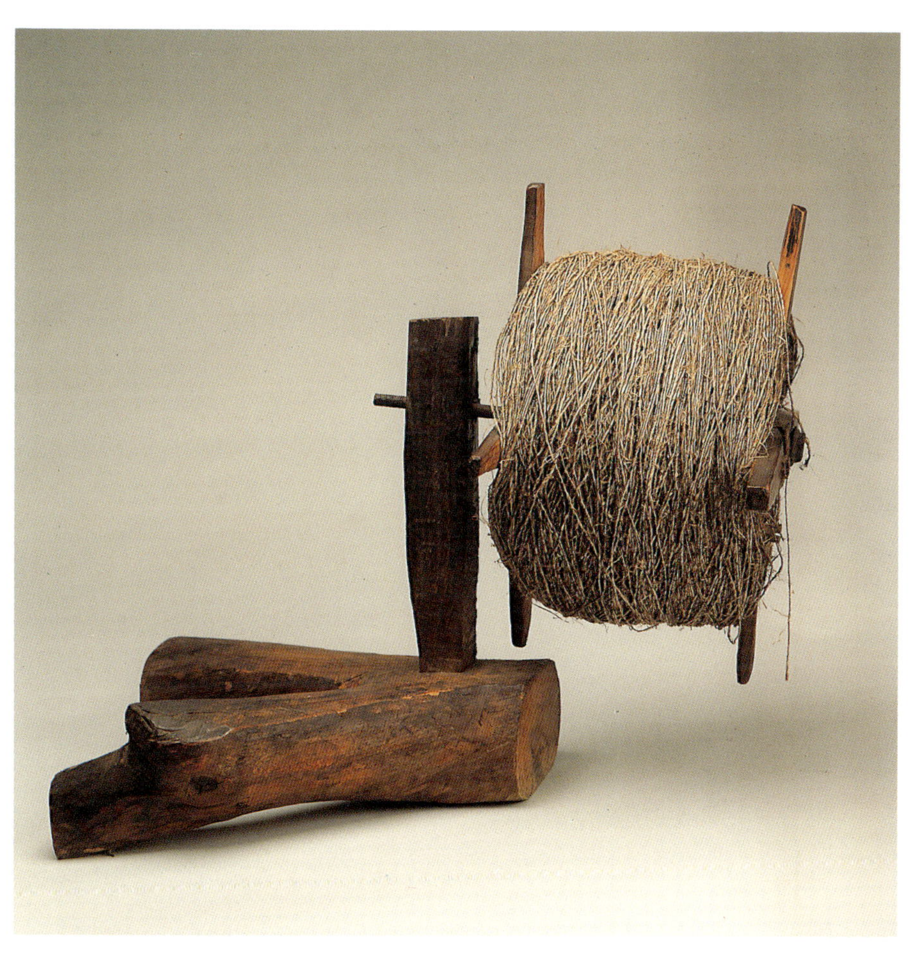

자새 노끈을 꼬는 자새로서 감겨 있는 것은 삼이다.

염주나무, 산겨릅나무, 연밥피나무, 참회나무 등 교목류에 이르기까지 수많은 식물들이 밧줄의 재료가 되었다.

식물에서 밧줄의 원료인 섬유를 추출해 내는 방법에는 두 가지가 있었다. 생으로 목질부와 인피부를 분리하는 방법과 삶아서 분리해 내는 방법이었다. 가령 싸리의 경우 처서 지나서 한참 물이 올랐을 때 채취한 것은 생으로 껍질을 벗겨 바구니를 결었다. 이때 벗겨 낸 껍질은 그대로 훌륭한 밧줄의 원료가 되었는데 이것이 바로 짙은 갈색의 비사리인 것이다.

볏짚은 밧줄의 매우 중요한 재료였다. 선박의 닻줄같이 재료가 많이 소비되는 밧줄은 대개 볏짚으로 꼬아 썼다. 어린애 팔뚝만큼 굵어야 하는 닻줄은 돌물레나 자새(작은 얼레)를 돌려 꼬지 못하고 사람 셋이 둘러서서 가닥을 돌려가며 꼬았다.

밧줄의 재료로 제법 상품 가치가 있었던 일년피 식물은 대량으로 심어 재배하기도 했다. 대개 봄에 일찍 파종해 처서 무렵, 그러니까 음력 7월경에 걷어들였다. 이것은 삼을 걷어들이는 시기와도 일치해서 농가에서는 종종 삼굿하는 곳에 함께 넣어 쪄 내기도 했다.

교목은 가지를 쳐다 껍질을 벗기기도 했고 줄기에서 직접 껍질을 벗겨 오기도 했다. 가령 피나무의 경우, 음력 5월경 물이 한참 올랐을 때 줄기 윗부분에 도끼로 자국을 조금 낸 다음 속대를 잡고 껍질을 아래로 힘껏 잡아당겼다. "쩍" 하고 갈라지는 소리와 함께 껍질이 벗겨지면 다시 겉껍질 여기저기에 칼집을 내 표피를 벗겨 내고 그것을 바위같이 억센 곳에 대고 힘껏 내리쳤다. 갈피갈피 박힌 수분으로 해서 인피가 결을 따라 갈갈이 찢기고 그것을 다시 손으로 일일이 가늘게 쪼개 말려 자새에 드려 밧줄을 꼬았다. 이렇게 만든 피나무 바는 안에서 진이 나와 조금 미끄럽긴 했으나 잘 썩지 않아 오래도록 견고하게 쓸 수 있었다.

버드나무

　버드나무는 단순한 하나의 식물에 불과하다. 그러나 그것을 다룬 사람들의 사회적 신분으로 인해서 특수한 역사적 계급성을 띠게 되었다. 전통적으로 유기(柳器)는 전부 백정들이 만들어 왔다. 유기란 버드나무 가지로 만든 그릇을 통틀어 말하는데 대표적인 것으로는 집집마다 쓰던 키와 고리짝, 도시락, 동고리 등을 들 수 있다.

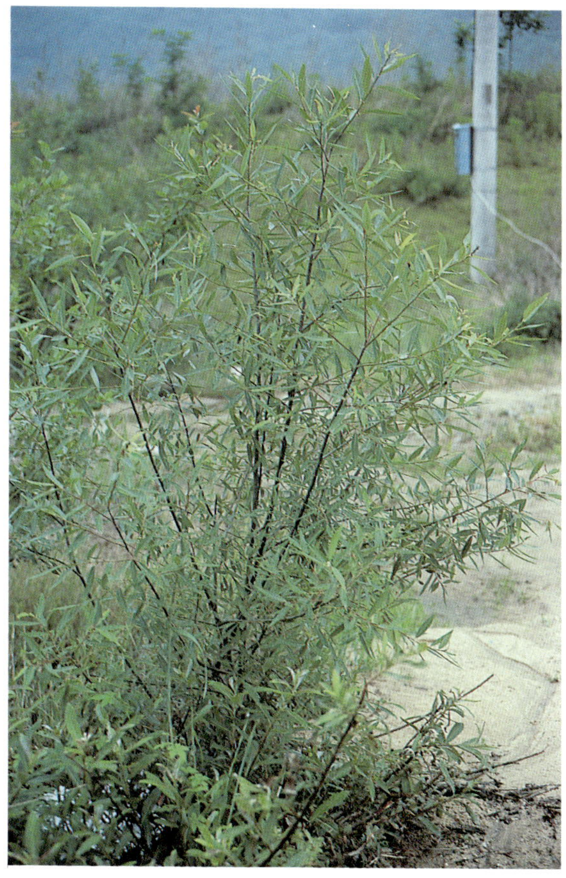

개울가에서 흔히
자라는 버드나무

고려시대에는 재인, 화척이라 불리었고 이조시대에 와서는 신백정 또는 양수척, 재인백정 등으로 불리었던 이들 백정은 북방에서 흘러 들어온 유목 민족이었다. 그들이 언제 어떤 경로로 이 땅에 들어와 살게 되었는지에 대해서는 아직 역사적으로 확연히 밝혀진 바가 없다. 한민족이 한반도에 이동해 와서 농경 민족으로 정착한 뒤에도 여러 가지 방법과 경로로 몽고인, 만주인 등 북방 민족이 흘러 들어 왔는데 그 중의 한 부류일 것으로 추측하고 있을 뿐이다.

이들은 민족적 근원이나 생활 방식이 우리 한족과는 전혀 달랐 다. 유목민적인 특성을 버리지 못한 이들은 한 곳에 정착하지 못하

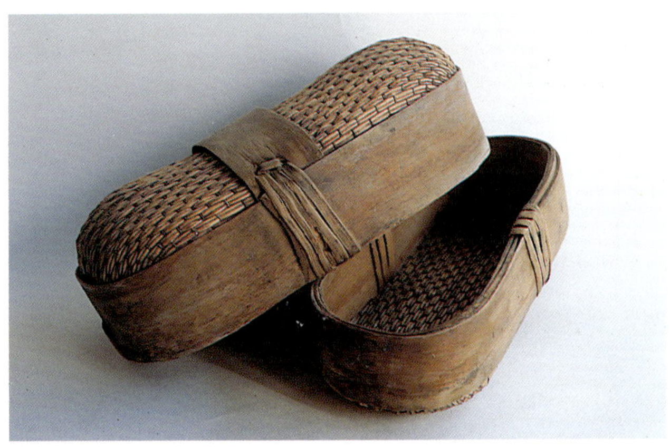

도시락　버드나무로 걸은 도시락으로 점심밥 따위를 담아 가지고 다녔다.

고 여기저기 떠돌아다니면서 생활하였다. 말을 잘 타고 호전적이며 농경을 싫어한 이들은 주로 사냥으로 생활하였고 이로 인해 소를 잡는 백정의 신분으로 굳어지게 되었다. 또 웬만해서는 마을에 들어갈 수 없었던 이들은 곧잘 마을 앞 개울가 같은 곳에 임시 거처를 정했는데 그 때문인지 개울가에 나는 고리버들, 강아지버들 따위로 유기를 만들게 되었다.

「조선왕조실록」을 보면 이들은 끊임없이 사회적인 문제를 일으켜 온 것으로 기록되어 있다. 한족 사회에 동화되지 못하고 겉돌면서 소수이면 도둑질을 일삼고 다수가 집결하면 약탈, 살인, 방화를 일삼아 한족의 끊임없는 위협이 되고 있다는 내용들이다. 이들은 한족에게는 철저히 이질적인 존재였고 두려운 존재였다. 따라서 한족은 그들을 철저히 배척했고 나아가 그들이 하는 일 자체에도 '천한 일'이라는 사회적 터부를 붙여 버렸다.

이조시대에 와서 이씨 왕조는 이들을 한족에 동화시키려 무진 애를 썼다. 농경 생활을 하도록 권장하였고 혼인을 통해 그들의 이질성을 희석하려고 노력하였다. 그러나 그 정책은 별로 실효를 거두지 못했고 이조 후기에 와서야 겨우 조금씩 그 두터운 장벽이 무너지기 시작했다. 그러나 이것도 이씨 왕조의 정책적 노력에 의해서라기보다는 이 땅에 자본주의의 싹이 트면서 생긴 현상이니 역사 과정의 필연적 결과였던 것이다.

임진왜란 이후로 중앙 집권적 왕권의 강력한 체제는 차츰 그 힘을 잃어가기 시작했다. 따라서 관청에 소속되어 있던 장인(匠人)들은 하나 둘 이탈하여 자신이 만든 제품을 상품화하게 되었다. 장인가포제라는 것이 생겨 일 년에 배당된 일정한 부역량을 무명으로 납부하면 나머지는 자유 직업에 종사할 수 있게 되었고, 이러한 현상은 이 땅에 새로운 신분 질서의 편성을 낳게 되었다. 어제까지 절대 권력을 휘두르던 양반이 양인으로 전락하는가 하면 양인과 상인이 양반을 매입, 새로운 귀족으로 군림하는 현상도 빈번히 일어났다. 이와 관련하여 고리백정에 얽힌 재미있는 일화 하나가 전해져 내려오고 있다.

한 사람이 돈을 많이 벌어 양반을 샀다. 양반 행세를 하며 다른 양반집과 혼인을 맺었다. 신행가는 길에 개울가에서 잠시 쉬게 되었다. 마침 한여름이라 개울가에는 고리버들이 탐스럽게 가지를 뻗고 있었다. 그것을 본 이 사람은 자기도 모르게 "어허, 그 버들 참 잘 됐다. 키 엮었으면 좋겠구나" 해서 신분이 탄로나고 말았다는 얘기이다.

백정이 한족 사회에 동화되지 못한 것은 그들 자신의 생활 방식 내지는 기질적 차이에도 기인했지만 한족 사회 자체가 갖는 배타성에도 그 원인이 컸다. 이 배타성은 지금도 잔재로 남아 있어 확인하는 데에 별로 어려움이 없다. 현재 키를 엮어 시장에 내고 있는 경남 합천의 신순조 씨는 평생을 편견과 차별 속에 살았다고 솔직히 고백

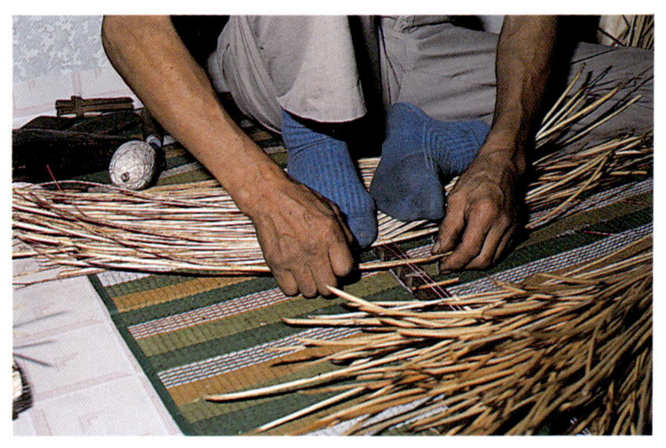

키를 엮는 모습 버들가지로 키를 엮는 경남 합천의 신순조 씨로 그는 평생을 편견과 차별 속에 살았다고 고백했다.

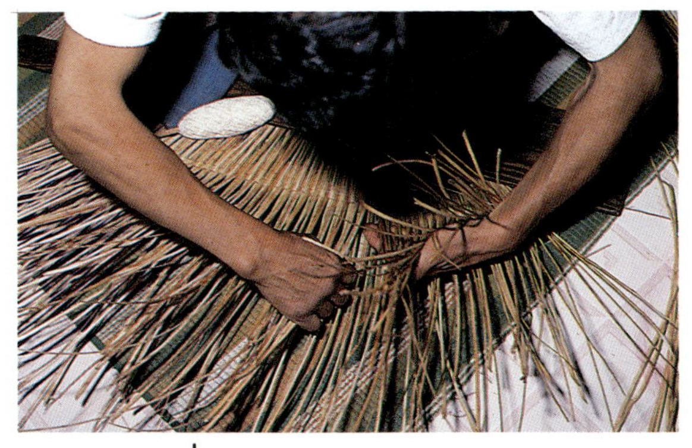

키바닥을 치는 모습이다. 일일이 손으로 해야 하는 까다롭고 힘든 공정이지만 40년 가까이 했다는 신씨의 손은 날렵하고 민첩하기만 하다. (위)

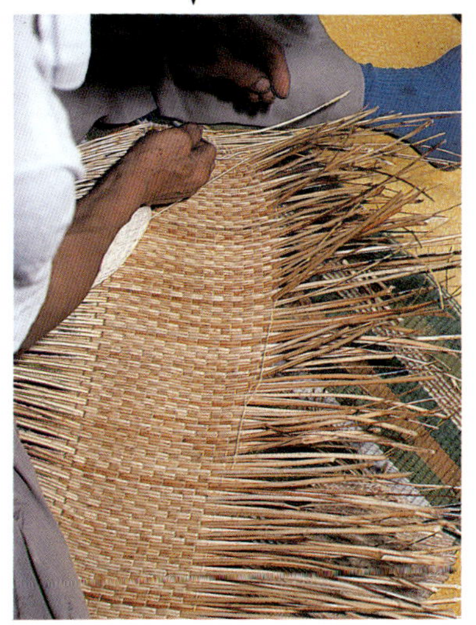

키바닥을 마무리하는 모습으로 굵은 무명실로 일일이 감아 묶는다.(왼쪽)

바퀴감을 다듬는 모습으로 소나무를 결대로 쪼개 역시 일일이 손으로 다듬는다.(아래)

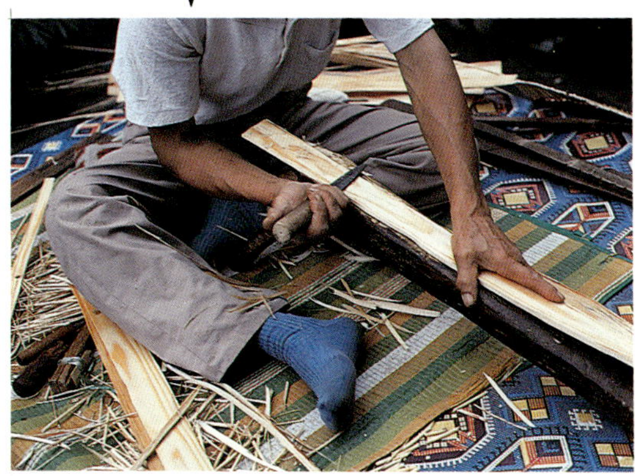

안바퀴와 겉바퀴를 다듬어
키의 모양을 잡는다.

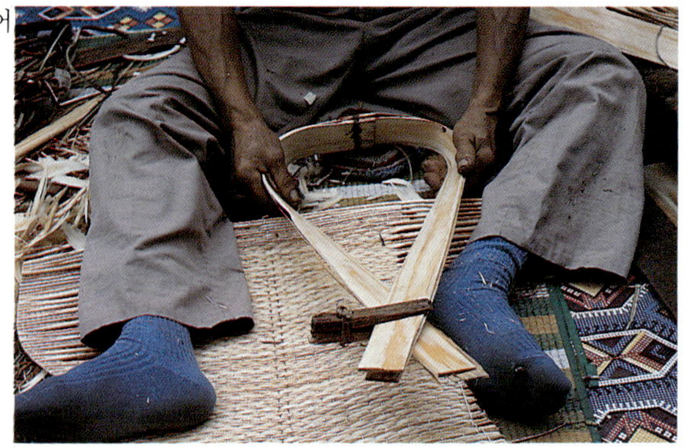

키바닥을 바퀴에 끼고 칡으
로 단단히 얽어 맨다.

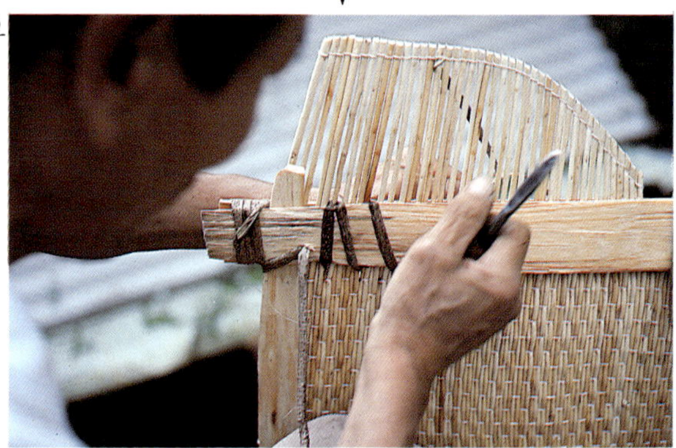

바닥을 발로 밟으며 모양을
바로잡는다. 완전한 자연
소재와 수공업이 갖는 아름
다움이 한껏 돋보인다.

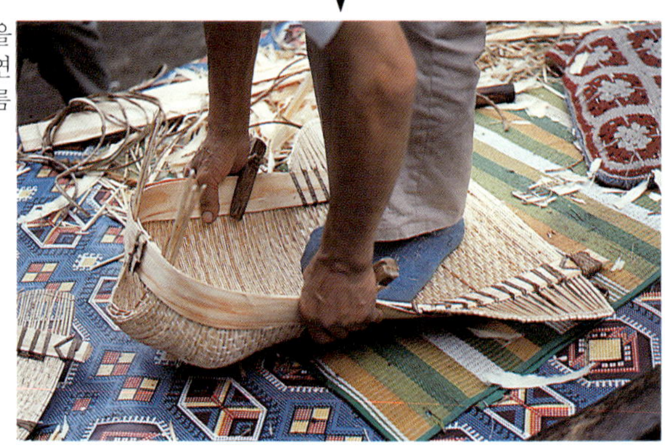

했다. 자신이 혼인할 때는 물론이고 자신의 자식들도 다행히 연애 결혼들을 했으니 망정이지 그렇지 않고 가문을 따지는 집과 중매로 하려 했으면 하나도 성사되지 않았을 것이라고 말했다.

강원도 홍천군의 한 노인은 모든 민구를 자신의 손으로 직접 만들어 쓰는 대단히 재주있고 부지런한 노인이다. 그런데도 키만은 시장에서 사다 쓰고 있어 필자가 그 이유를 묻자 노인은 "키 같은 건 안 만들어. 백정 되려구?" 하고 대답했다. 이 말로 우리는 그 노인의 의식 속에 키 만드는 백정에 대한 생각이 어떤 것이며, 아울러 전통 사회에 뿌리내린 터부가 얼마나 굳건한가를 잘 알 수 있다.

강원도 홍천군에는 또 솥에 얽힌 이와 비슷한 얘기가 전해지고 있다. 얼마 전까지만 해도 큰 무쇠솥을 쓰고 집집마다 베나이를 했기 때문에 솥의 수요는 매우 높았다. 이 솥은 산에 나는 칡멀개덤불과 솔풀이라는 식물의 뿌리를 캐서 만드는 것이다. 이 고장에서는 전에 거지들이 솥을 전담해서 만들었다고 했다. 아침이 되면 거지들은 몇 집 문전에 서서 "밥 시키고 갑니다" 하고 소리지르고 갔다. 잠깐 뒤 돌아오면 대개 사람들은 밥 한 그릇씩을 따로 담았다 주는 것이 당시 인심이었다. 그런데 가끔 그들은 솥을 몇 개씩 만들어 가지고 왔다. 그런 때는 사정이 달라서 밥 한 그릇에 끝나지 않고 쌀이며 건건이(간장이며 된장) 따위를 떠서 주었다. 일종의 물물 교환이 이루어졌던 것이다. 이 솥의 경우는 유기처럼 그렇게 엄격한 터부 현상은 보이지 않았던 것 같다. 그러나 대부분의 사람들은 거지가 만들어 오는 솥을 구태여 직접 만들어 쓰려 하지 않았기 때문에 필경은 하나의 전매 특허처럼 그들만의 전담 상품으로 정착하게 되었다.

공예품의 이러한 계급적 제한은 비단 풀 몇 가지에 한한 것은 아니었다. 제조인은 무조건 '쟁이'라 하여 천시하였고 이러한 사회적 편견은 우리의 공예 문화를 낙후시키는 데에 결정적인 역할을 하였다. 우리는 흔히 제조인들에게 쟁이 정신이 있었다고 말한다. 그러나 필자는 이 쟁이 정신이라는 것에 대해서도 종래의 견해를 다시 한번 검토해 보아야 한다고 생각하는 사람 가운데 하나이다.

유기를 만든 버들은 냇가에서 나는 관목류이다. 우리가 노랫말로 흔히 알고 있는 능수버들은 유기의 재료가 되지 못한다. 교목 가운데에서는 유일하게 양버들이 한때 유기의 재료가 되기도 했었다. 양버들은 일본 사람들이 들어와 가로수로 심은 일명 이태리포플러

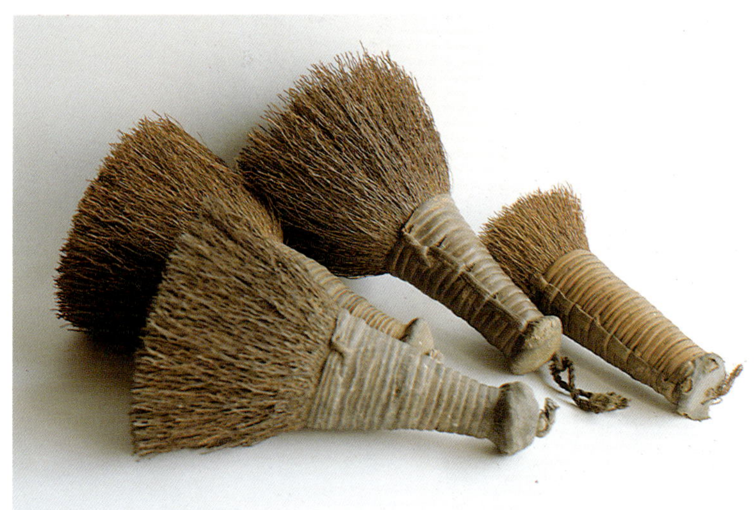

칡멀개덤불이나 솔풀로 만든 솔

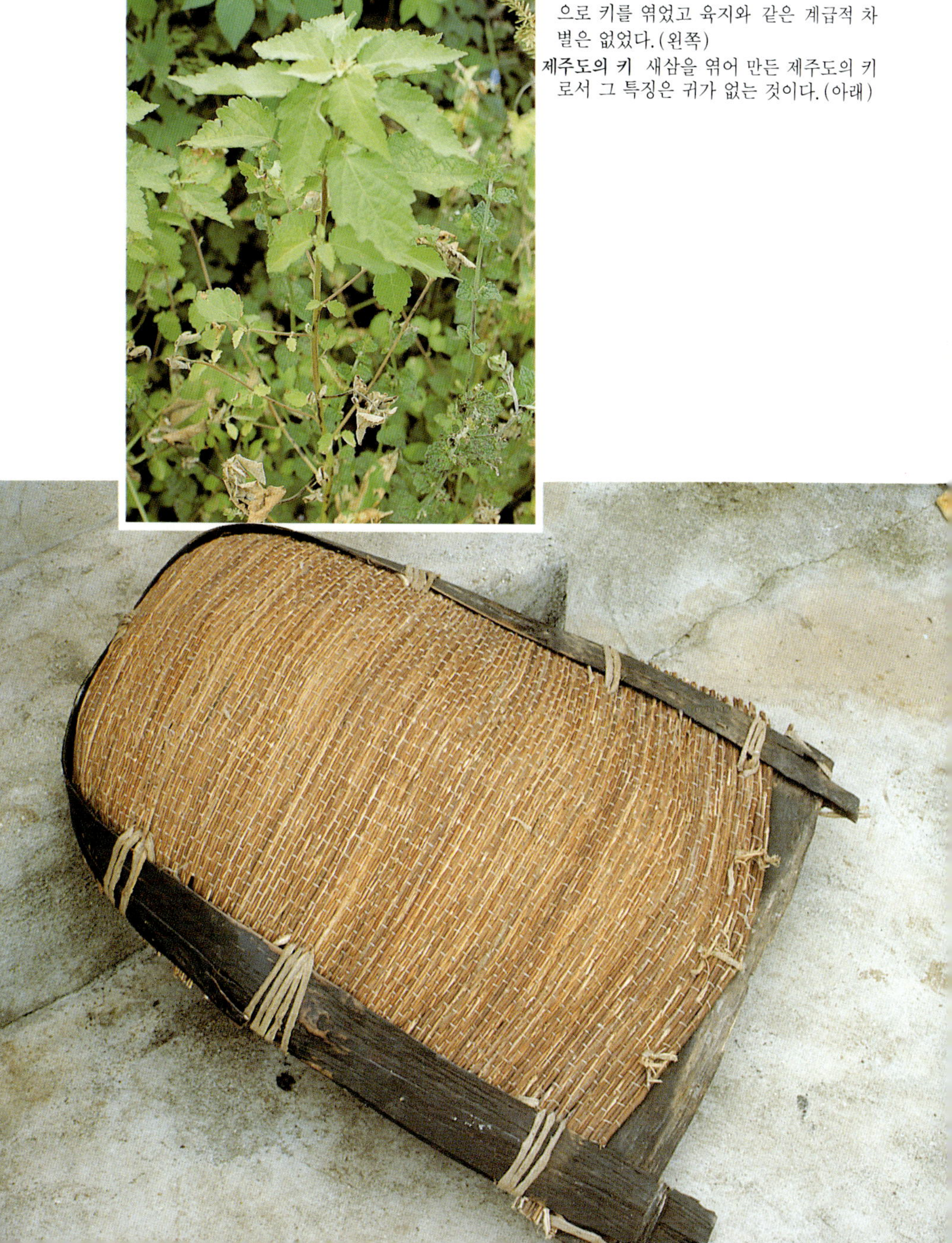

새삼 제주도에서는 새삼, 자골, 댕댕이 등
으로 키를 엮었고 육지와 같은 계급적 차
별은 없었다. (왼쪽)

제주도의 키 새삼을 엮어 만든 제주도의 키
로서 그 특징은 귀가 없는 것이다. (아래)

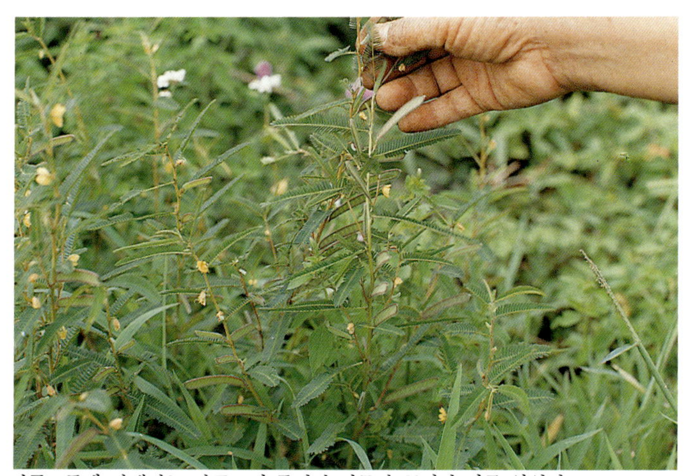

자골   들에 야생하는 자골로서 줄기가 여물면 끊어다 키를 엮었다.

자골로 엮은 제주도의 키

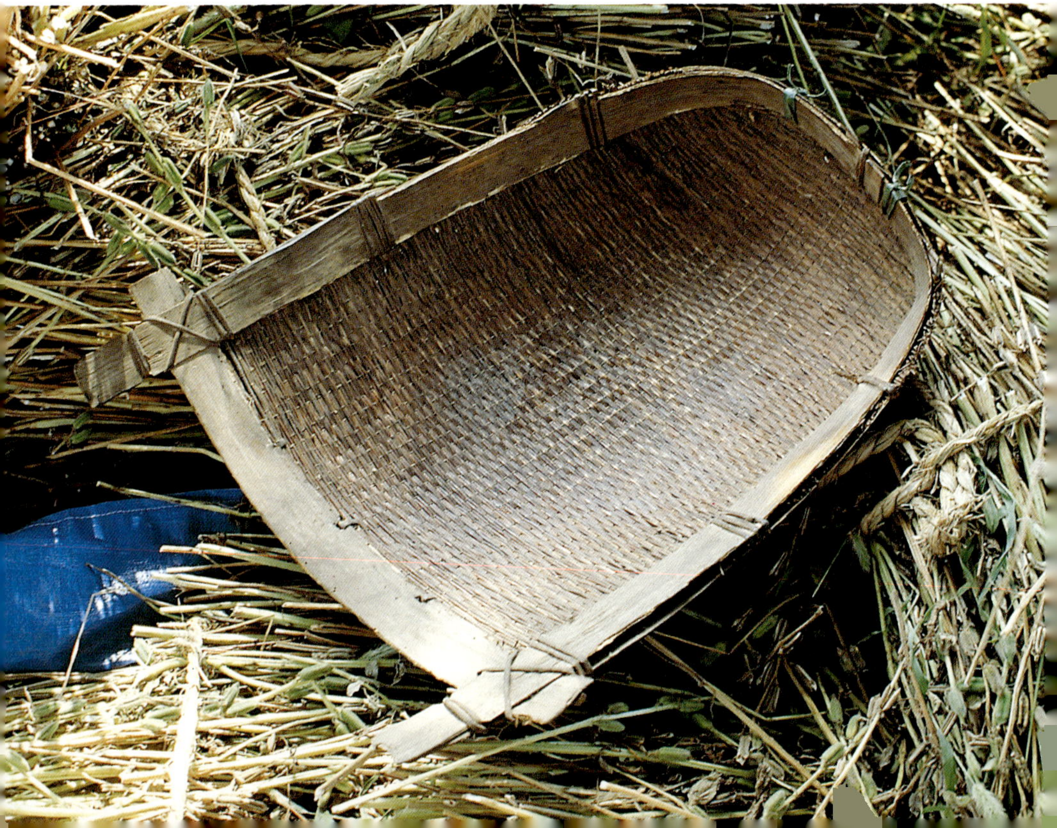

라고도 하는 키 높은 나무이다. 굵은 가지 밑둥을 도끼로 툭툭 쳐 놓으면 이듬해 곧고 긴 새순이 우부룩히 올라오는데 이것을 꺾어 유기를 만들었던 것이다. 그러나 이 양버들은 역사가 짧을 뿐만 아니라 현재는 거의 소재로 쓰고 있지 않아 논외로 치고, 전통적으로 유기의 재료가 되어 온 것은 물버들, 조선버들, 고리버들, 강아지버들, 쪽버들, 키버들 등이다. 이것들은 반드시 명칭대로 종류가 다 있다는 얘기가 아니라 같은 것도 지방에 따라 달리 부르는 것을 모두 모아 놓은 것뿐이다.

양력 7월 중순경, 모내기가 다 끝날 무렵이 채취하기에 가장 적합한 시기이다. 이때는 물이 한참 올라 있어 채취해다 바로 벗기면 껍질을 생으로 쉽게 벗길 수가 있다. 그러나 그보다 늦으면 굳어서 솥에 넣고 여러 시간 삶아야 비로소 벗겨지는 번거로움이 있다. 걷어다 이렇게 손질한 버들가지는 말려 놓고 필요할 때마다 물에 담가 불려 쓴다. 버들가지로 만든 것으로는 앞에서도 얘기한 대로 키와 고리짝, 동고리, 도시락 등이 있다.

키는 최근 탈곡이 완전히 기계화되기 전까지는 농가에 없어서는 안 되는 민구였다. 비단 농가만이 아니라 일반 가정에서도 곡식을 까불기 위해 키 하나씩은 반드시 비치해야 했다. 남쪽에서는 대나무로 만들었고 제주도에서는 새삼이니 자골이니 정등이니 하는 풀로 자유롭게 만들었다. 제주도에는 육지부와 같은 터부가 없어 특별한 전문가가 없고 아무나 필요하면 마음대로 만들어 썼다. 관습도 달라 경상도 지방이 이사갈 때면 까부는 키가 재수없다 하여 반드시 버리고 간 것과는 대조적으로 제주도에서는 키를 제일 먼저 보내 복을 받아들이는 의미를 살렸다고 하니 재미있는 일이 아닐 수 없다.

고리짝, 동고리, 도시락은 안짝, 겉짝이 있어 뚜껑을 여닫게 되어 있다. 만드는 재료나 방법은 세 가지가 다 같으나 형태와 용도는 조금씩 다르다. 고리짝은 크기가 아주 커서 옷을 넣을 수 있게 되어 있고 동고리는 그보다 훨씬 작아 반짇고리나 여러 가지 삽다한 물건을 담는 그릇으로 쓰이는 경우가 많았다. 삼합이라는 것이 있었다. 동고리의 크기를 층층으로 해서 나란히 세 개를 만드는 것인데 경상도 지방에서는 혼수에 반드시 해야 하는 필수품 가운데 하나였다. 시집갈 때 그 안에 떡이며 음식을 해서 가지고 갔으며 백령도의 한 할머니는 쌀을 담아 가지고 와서 내내 떡고리로 동네의 사랑을 받아왔다고 자랑스럽게 내보였다. 도시락은 가운데 띠를 두른 좀 길쭉하고 작은 것으로 점심밥 따위를 담았다.

고리짝과 동고리는 또 일부 특수한 용도로도 쓰여 온 것을 확인할 수 있다. 가신(家神)을 조사하다 보면 삼신이니 조상이니 해서 안방에 동고리를 모셔 놓은 것을 흔히 보게 된다. 속에는 쌀이며 무명끗 또는 옷 따위가 들어 있는데 가신에게 바치는 폐백의 의미도 있고 그것 자체가 신체(神體)의 의미도 지니고 있다. 왜 동고리가 가신의 신체로 쓰이게 되었는지 그 내력은 잘 알 수 없으나 가난한 사람들이 바가지나 대고리를 놓은 것과는 대조적으로 약간 여유 있는 사람들이 썼던 것만은 알 수 있다.

고리짝은 흔히 상복을 담았고, 최근에도 죽은 사람의 옷을 담는다고 어떤 사람이 고리짝을 맞춰 간 일이 있다고 합천의 신순조 씨가 말했다. 이런저런 사례로 보아, 고리짝이나 동고리는 현실적으로도 유용하게 사용되었지만 보다 비현실적인 것, 신이나 죽은 사람을 위한 용도로 더 많이 쓰였다는 것을 알 수 있다.

키나 고리짝, 동고리는 아직까지는 몇 사람이 남아 근근이 명맥을 유지하고 있다. 그러나 그들이 하는 한결같은 말은 자식에게는 절대로 가르치지 않겠다는 것이다. 수요가 점점 줄고 따라서 수입이 신통치 않다는 이유도 있겠지만 그보다는 더 자신들이 살아온 사회적 편견과 차별의 쓰라린 과거를 자식들에게는 절대로 물려 주지 않겠다는 생각에서이다. 그런 의미에서 유기 공예는 그 어느 전통보

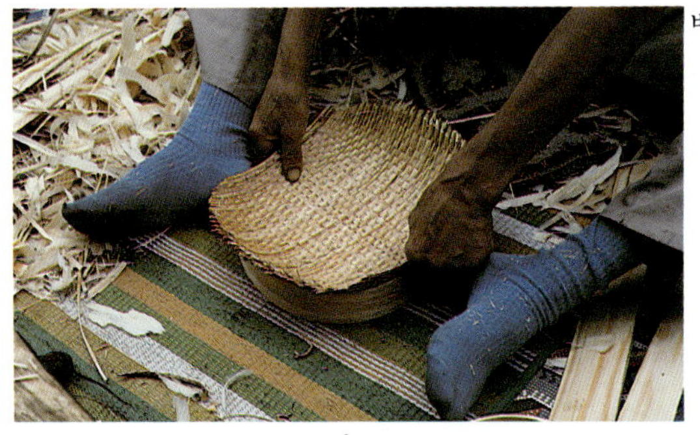

버들가지로 동고리를 겯는 모습 바닥을 먼저 치고 바퀴를 만든 다음 바닥을 바퀴에 끼었다.

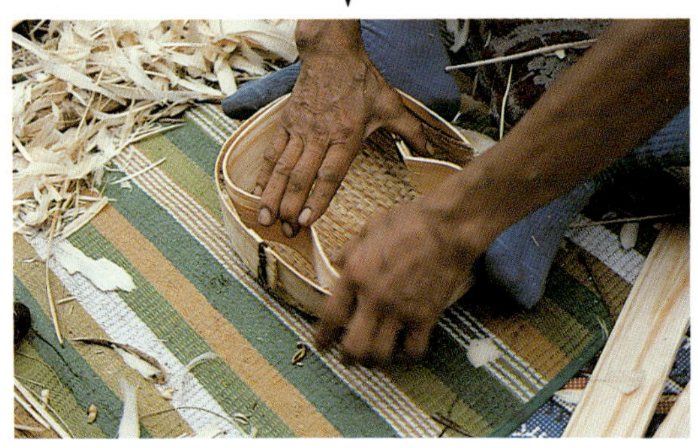

안바퀴와 겉바퀴 사이에 바닥을 끼는 모습인데 이때 자칫 안바퀴가 부러지는 등 공정이 꽤 까다롭다.

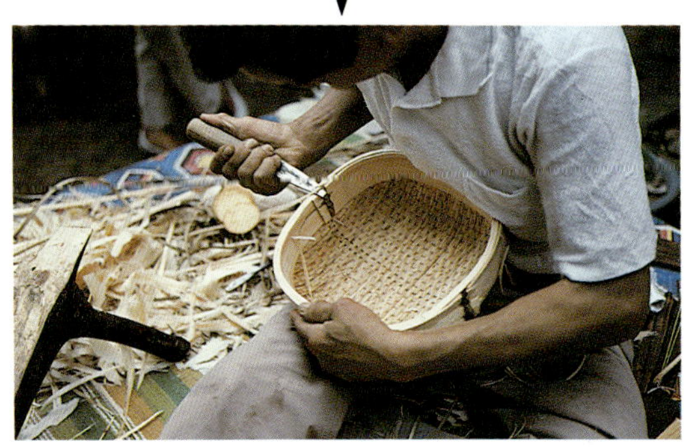

바퀴를 매끈하고 가지런하게 칼로 다듬어 마무리한다.

다도 빨리 단절될 위기에 놓여 있고, 이 편견을 극복한 새로운 세대가 존중스러운 전통 문화의 차원에서 새롭게 전수, 발전시킬 필요성을 절실하게 느끼는 분야이기도 하다.

여러 가지 풀과 나무로 만든 농기구

말리는 연장

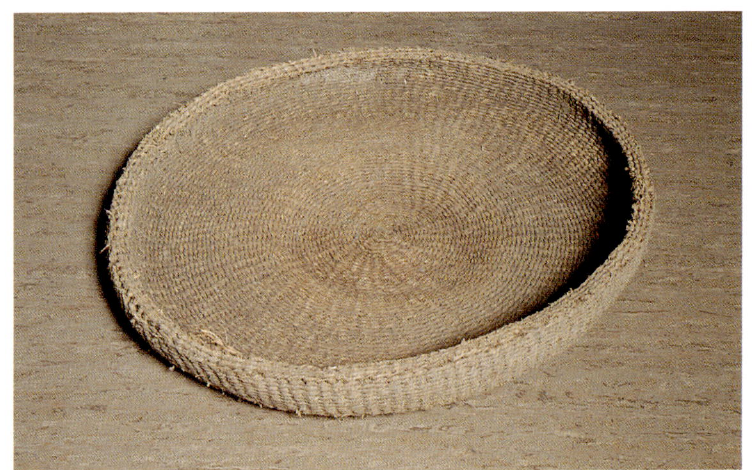

도래방석

저장 용기

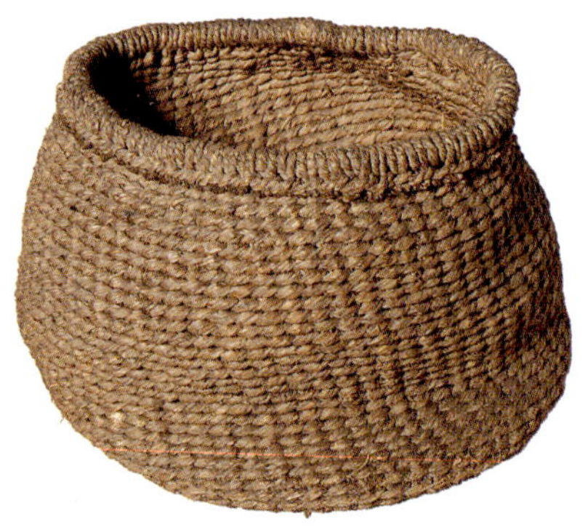

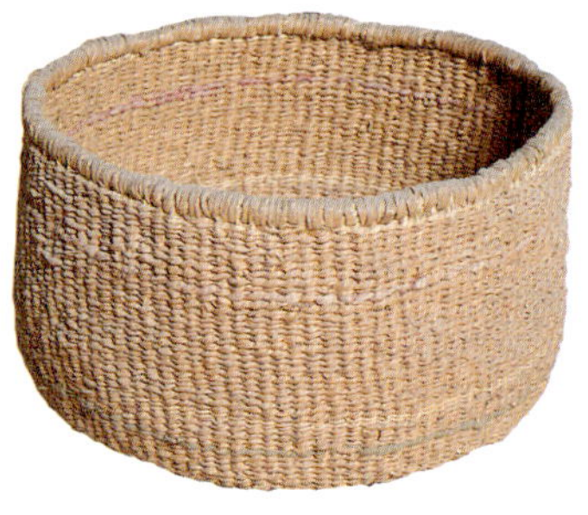

둥구미(왼쪽) 멱둥구미(오른쪽)

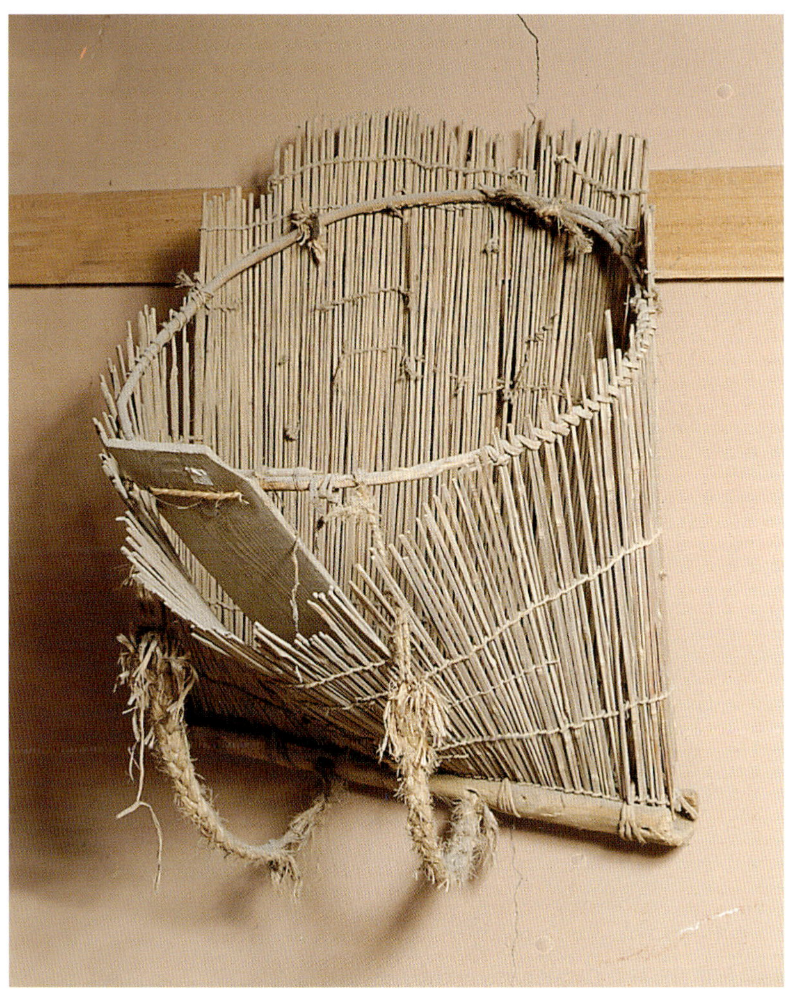

바소거리

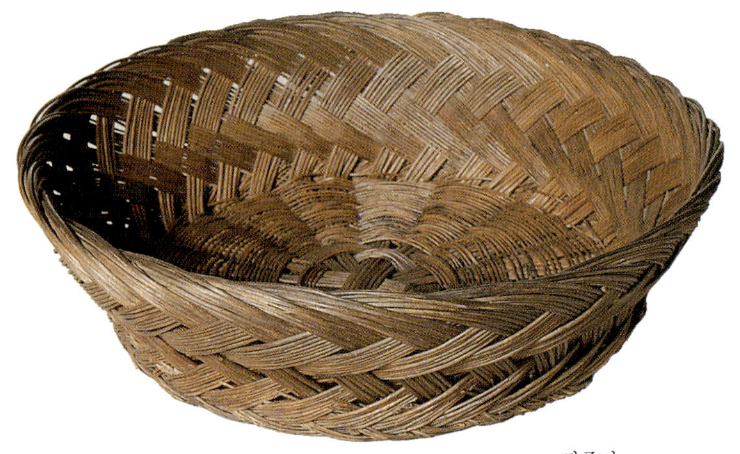

광주리

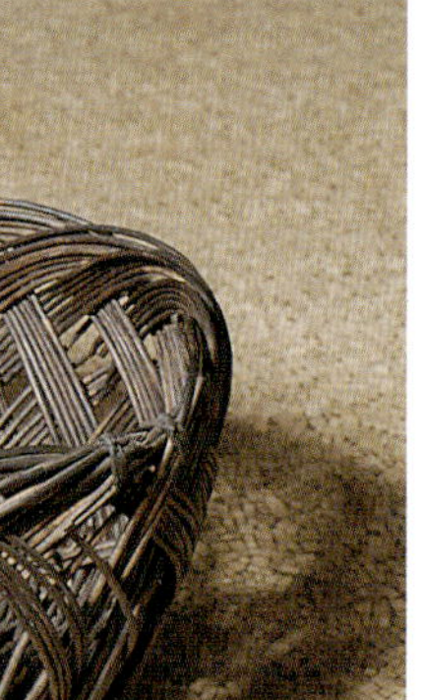

싸리광주리

빛깔있는 책들 101-21

풀문화

글	—인병선
사진	—인병선
발행인	—장세우
발행처	—대원사
주간	—박찬중
편집	—김한주, 신현희, 조은정, 황인원
미술	—윤용주, 윤봉희
전산사식	—김정숙, 육양희, 이규헌
첫판 1쇄	—1991년 9월 17일 발행
첫판 5쇄	—2008년 3월 28일 발행

주식회사 대원사
우편번호/140-901
서울 용산구 후암동 358-17
전화번호/(02) 757-6717~9
팩시밀리/(02) 775-8043
등록번호/제 3-191호
http://www.daewonsa.co.kr

값 13,000원

Daewonsa Publishing Co., Ltd.
Printed in Korea(1991)

ISBN 89-369-0111-7 00380